김건구 글

경인교육대학교 국어교육과 석사 졸업 후 인천에서 초등학교 교사로 일하고 있습니다. 유튜브 「초기공(초등학생의 기초 공부법)」 채널을 운영하면서 다양한 교육 자료를 만드는 한편, 초등학생을 위한 다양한 분야의 글을 쓰고 있습니다. 그동안 펴낸 책으로 『AI 로봇 백과』, 『저학년 교과서 맞춤법』 등이 있습니다.

공경철 감수

서강대학교에서 기계공학과 물리학을 복수 전공하여 수석 졸업하였습니다. 동대학원 기계공학 석사 후 캘리포니아 대학교 버클리에서 기계공학 박사 학위를 취득하였습니다. 이후 서강대학교 기계공학과 교수를 거쳐 현재는 (주)엔젤로보틱스 대표 이사 및 한국과학기술원(KAIST) 기계공학과 교수로 일하고 있습니다.

배준범 감수

서울대학교 기계항공공학부를 졸업하였으며, 캘리포니아 대학교 버클리에서 기계공학 및 통계학 석사, 기계공학 박사 학위를 취득하였습니다. 현재 UNIST 기계공학과 교수이면서 (주)필더세임(Feel the Same) CEO로 일하고 있습니다. 그동안 미래창조과학부 장관상·국민안전처 장관상·한국로봇학회 젊은연구자상·UNIST 학술대상·우수교육상 등을 수상하였고, UNIST 젊은 특훈 교수로 지정되었으며, 원격 조종 아바타 로봇 세계 대회인 $10M ANA Avatar XPRIZE 결승에 진출하였습니다.

2025년 05월 30일 1판 4쇄 **펴냄**
2023년 05월 15일 1판 1쇄 **펴냄**

펴낸곳 (주)효리원
펴낸이 윤종근
글쓴이 김건구
그린이 서정은
감수 공경철·배준범
등록 1990년 12월 20일 · **번호** 2-1108
우편 번호 03147
주소 서울시 종로구 삼일대로 457, 406호
전화 02)3675-5222 · **팩스** 02)765-5222

© 2023. (주)효리원

잘못 만들어진 책은 구입하신 서점에서 바꾸어 드립니다.
ISBN 978-89-281-0731-5 74400

이메일 hyoreewon@hyoreewon.com
홈페이지 www.hyoreewon.com

AI 로봇 대백과

전 세계 로봇 총출동

김건구 글
공경철(KAIST 기계공학과 교수)·배준범(UNIST 기계공학과 교수) 감수

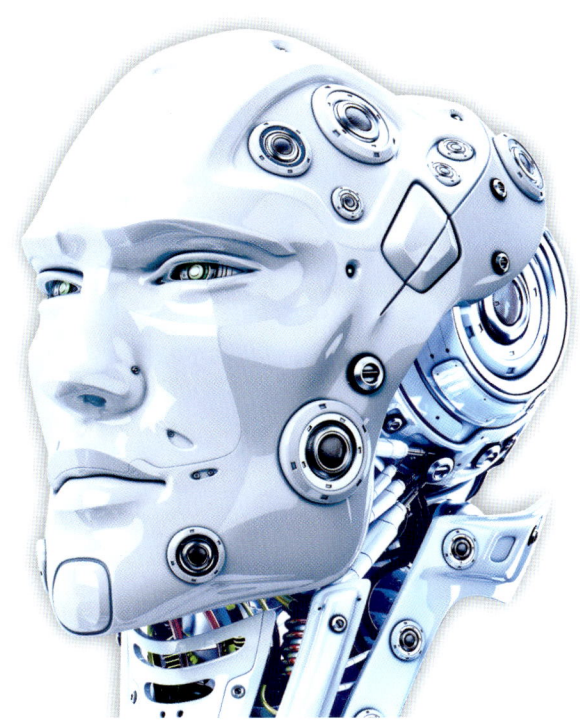

감수자의 말

최근 과학 기술이 급속도로 발달하면서 로봇은 더 이상 공상 과학 영화에서나 볼 수 있는 먼 미래의 일이 아닙니다. 이미 우리 생활 전반에 깊숙이 침투되어 활발하게 이용되고 있습니다. 생활 가전, 산업 현장, 의료 분야, 우주 개발, 사회 편의 시설 등등 다양한 분야에서 여러 형태로 이용되고 있지요.

심지어 최근에는 이름을 불러 원하는 정보를 요청하면 서로 말을 주고받으며 대화할 수 있는 로봇도 개발되었습니다. 하지만 아직까지는 인간의 뇌처럼 근육의 운동을 조절하고 감각을 인식하며, 말하고 기억하며 생각하고 감정을 갖는 기능을 가진 로봇은 개발되지 않았습니다. 하지만 언젠가는 영화에서처럼 스스로 생각하고 감정을 가진 로봇이 탄생하여 우리 인간과 공존할지도 모릅니다. 어쩌면 이런 로봇의 발명은 지금 자라나는 어린이 여러분의 손에 달려 있을 수도 있습니다.

그러기 위해서는 로봇이란 무엇이고, 어떻게, 왜 생겨났는지부터 알아야 합니다. 그리고 지금 어떤 로봇이 어디에서 무슨 일을 하고 있는지 알아야 합니다. 그래야 어린이 여러분의 상상력과 창의력을 극대화하여 새로운 분야의 로봇을 발명할 수 있을 테니까요.

『AI 로봇 대백과』는 로봇의 탄생부터 아직 출시되지는 않았지만 개발 중인 로봇까지 전 세계의 다양한 로봇을 만나볼 수 있습니다. 초등학교 어린이들의 눈높이에 맞춰 복잡한 로봇의 구조보다는 분야별 다양한 로봇을 체계적으로 사진과 함께 소개하고 있습니다. 따라서 이 책 한 권이면 로봇에 대한 전반적인 지식을 쌓고, 신기하고 놀라운 로봇에 대한 호기심을 꾸준히 키워나갈 수 있을 것입니다.

미래의 로봇 박사를 꿈꾸는 어린이들에게 이 책을 권합니다.

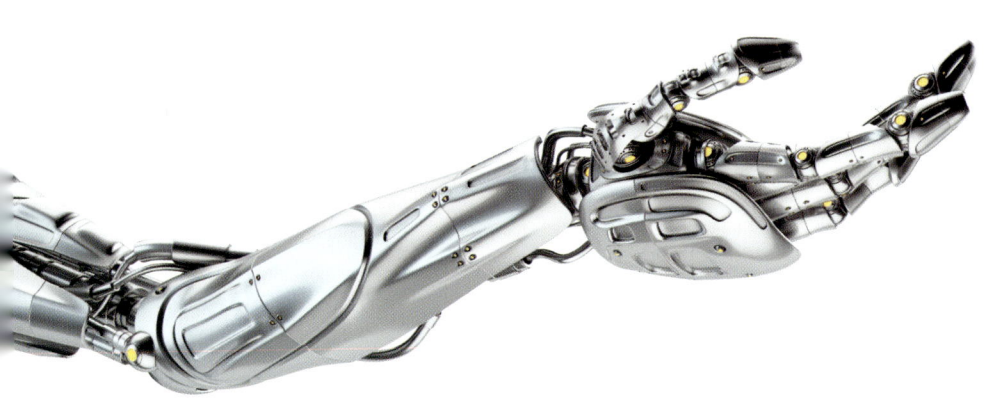

감수자 공경철 · 배준범

글쓴이의 말

최근 과학 기술이 발달하면서 우리는 주변에서 많은 로봇을 만날 수 있습니다. 집 안에서는 로봇 청소기가 돌아가고, 고속도로에는 자율 주행이 가능한 전기차가 다니며, 로봇 카페에서는 로봇이 커피를 만들고 있습니다. 또한 공사 현장, 공장, 병원의 수술실 등 전문적인 분야에서도 로봇이 활약하고 있습니다.

로봇이 발달하면 할수록 우리의 생활은 더욱더 편리해질 것입니다. 사람이 하기에 위험한 일, 힘든 일, 어려운 일들은 로봇이 맡아 할 테니까요. 그에 따라 로봇과 관련된 직업도 지금보다 더 다양해질 것입니다.

그런데 한편으로는 이런 생각도 듭니다. '로봇이 많아지는 것이 과연 좋기만 한 걸까?' 회사나 공장을 운영하는 사람 입장에서는 사람을 고용하는 것보다 로봇을 이용하는 것이 더 경제적일 수 있습니다. 로봇은 초기 설치 비용이 들어가지만, 그 이후 지속적으로 운영하는 비용은 사람을 고용했을 때보다 더 적게 들기 때문입니다. 게다가 로봇은 전력만 공급되면 쉬지 않고 일을 할 수 있으며, 실수를 저지르지도 않습니다. 따라서 사회 여러 분야에서 로봇이 활동하게 되면 사람들은 그만큼 일자리를 잃게 될 것입니다. 로봇의 발달이 가져올 변화는 이렇게 밝은 면과 어두운 면을 함께 갖고 있습니다.

초등학교에서는 로봇에 대한 기본적인 지식을 쌓도록 돕고 있습니다. 6학년 실과 '발명과 로봇' 단원에서는 다양한 로봇의 종류를 살펴보고, 로봇의 구조와 작동 원리에 대해 알아보도록 구성되어 있습니다. '소프트웨어' 관련 단원에서는 프로그래밍의 기초가 되는 코딩을 배웁니다. 코딩을 활용하면 로봇이 움직이도록 명령을 내릴 수 있습니다.

이 책 『AI 로봇 대백과』에서는 로봇에 관한 정보를 초등학교 교과서보다 더 깊이 다양하게 다루었습니다. 제1장에서는 로봇의 의미, 특징, 형태 등에 대해 전반적으로 다루었습니다. 제2장에서는 우리 생활에서 볼 수 있는 다양한 형태의 로봇을 다루었습니다. 제3장에서는 일터에서 일하는 로봇을 다루었고, 제4장에서는 위험한 환경에서 일하는 로봇을 구성했습니다.

아무쪼록 어린이 여러분들이 이 책을 통해 로봇을 바르게 이해하고, 로봇과 공존할 미래 사회를 그려보면 좋겠습니다.

글쓴이 김건구

차 례

제1장
로봇이란 무엇일까? ······ 10

로봇이란 무엇일까요? ······ 12
우리는 왜 로봇을 만들까요? ······ 14
로봇은 어떻게 만들까요? ······ 16
로봇은 어떻게 움직일까요? ······ 18
로봇은 어떻게 발전되어 왔나요? ······ 20
로봇도 뇌가 있나요? ······ 22
로봇도 감정이 있나요? ······ 24
사람이 로봇처럼 될 수 있나요? ······ 26
로봇은 사람의 명령을 무조건
따라야 하나요? ······ 28
동물 모습의 로봇이 있나요? ······ 30
사람 모습의 로봇이 있나요? ······ 32
스스로 학습할 수 있는 로봇이 있나요? ······ 34
로봇을 위한 대회도 있나요? ······ 36
미래에는 어떤 로봇이 만들어질까요? ······ 38
로봇이 지금보다 더 많아지면 어떤
좋은 점과 나쁜 점이 있나요? ······ 40

제2장
우리 생활과 함께하는 로봇! ······ 42

청소하는 로봇이 있나요? ······ 44
요리하는 로봇이 있나요? ······ 46
정원을 가꿔 주는 로봇이 있나요? ······ 48
식물이 자라는 것을 도와주는
로봇이 있나요? ······ 50
대화를 나눌 수 있는 로봇이 있나요? ······ 52
반려 로봇이 있나요? ······ 54
반려동물과 놀아주는 로봇이 있나요? ······ 56
공부를 도와주는 로봇이 있나요? ······ 58
사람의 운전을 도와주는 로봇이 있나요? ······ 60
짐을 대신 들어 주는 로봇이 있나요? ······ 62
춤추고 노래하는 로봇이 있나요? ······ 64
노인을 도와주는 로봇이 있나요? ······ 66
건강을 관리해 주는 로봇이 있나요? ······ 68
걷지 못하는 사람을 도와주는
로봇이 있나요? ······ 70
씻는 것을 도와주는 로봇이 있나요? ······ 72

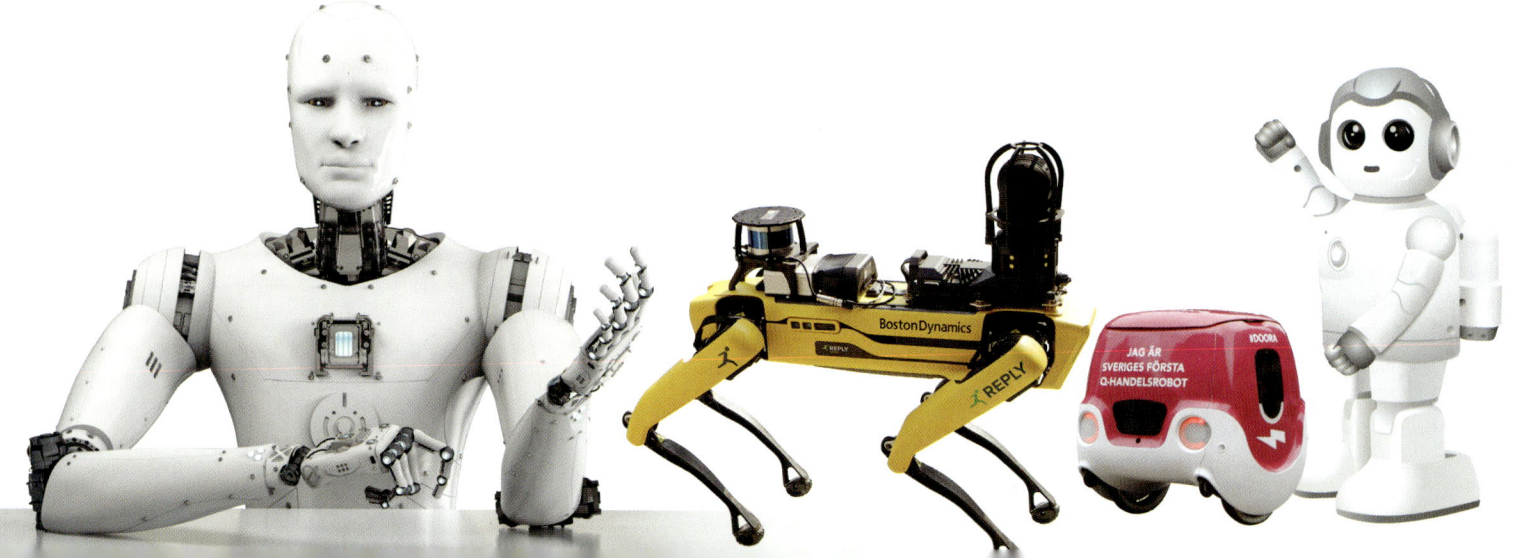

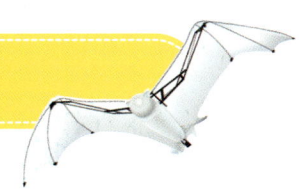

제3장
일터에서 일하는 로봇! — 74

정보와 위치를 제공하는 로봇이 있나요? — 76
공장에서 일을 하는 로봇이 있나요? — 78
운동 경기장에서 일하는 로봇이 있나요? — 80
과일을 딸 수 있는 로봇이 있나요? — 82
병원에서 일하는 로봇이 있나요? — 84
음식점이나 카페에서 일하는 로봇이 있나요? — 86
동물을 퇴치하는 로봇이 있나요? — 88
건설 현장에서 일하는 로봇이 있나요? — 90
미술 작품을 만들 수 있는 로봇이 있나요? — 92
호텔에서 일하는 로봇이 있나요? — 94
물건이나 음식을 배달하는 로봇이 있나요? — 96
마트에서 일하는 로봇이 있나요? — 98
사람 대신 주변을 감시하는 로봇이 있나요? — 100
악기를 연주하거나 곡을 지휘하는 로봇이 있나요? — 102
배우처럼 연기하는 로봇이 있나요? — 104

제4장
위험한 환경에서 일하는 로봇! — 106

우주를 탐사하는 로봇이 있나요? — 108
깊은 바다를 탐사하는 로봇이 있나요? — 110
화산을 탐사하는 로봇이 있나요? — 112
사람이 들어갈 수 없는 곳에서 일하는 로봇이 있나요? — 114
사람 대신 위험한 곳을 갈 수 있는 로봇이 있나요? — 116
전쟁에 사용되는 로봇이 있나요? — 118
빙하가 있는 추운 지역을 탐사하는 로봇이 있나요? — 120
화재 현장에서 활약하는 로봇이 있나요? — 122
단단한 땅을 파는 로봇이 있나요? — 124
하늘을 자유롭게 나는 로봇이 있나요? — 126
무거운 짐을 옮기는 로봇이 있나요? — 128
방역을 도와주는 로봇이 있나요? — 130
물과 땅을 오갈 수 있는 로봇이 있나요? — 132

부록 : 세계적인 로봇 공학자 데니스 홍의 차이나는 로봇 세상 — 133
찾아보기 — 147

제1장

로봇이란 무엇일까?

로봇이란 무엇일까요?

교과 연계 3-1 국어 2단원 '문단의 짜임' 6학년 실과 (교학사, 금성, 동아, 미래엔) '발명과 로봇' 단원

로봇이란 자동으로 움직이면서 사람이 할 일을 대신해 주는 기계를 의미합니다. 우리 주변에서 흔히 볼 수 있는 세탁기와 밥솥도 일종의 로봇이라 할 수 있습니다. 우리는 로봇이라고 하면 사람의 모습을 가진 기계를 떠올립니다. 하지만 로봇은 상자 모양, 공 모양, 뱀 모양, 새 모양 등 여러 형태를 가지고 있습니다. 일반적으로 사람들은 기계 장치에 컴퓨터 시스템이 탑재되어 있을 때 로봇이라고 판단합니다. 최근에는 인공 지능과 인터넷 기술이 발달하면서 로봇이 사람의 도움 없이 스스로 판단하고 다양한 일을 수행하고 있습니다. 미래에는 발전된 로봇들이 각종 분야에서 종횡무진 활약하며 사람과 함께할 것입니다.

스카이봇 F-850

스카이봇 F-850(애칭 : 표도르)은 인간의 신체와 유사한 형태를 갖춘 휴머노이드 로봇으로 러시아에서 개발하였습니다. 2019년 스카이봇 F-850은 러시아 우주선을 타고 국제 우주 정거장에 갔습니다. 그곳에서 도구를 이용해 케이블을 끊거나 연결하는 작업을 했습니다. 과학자들은 스카이봇 F-850을 통해 우주에서 로봇을 어떻게 활용할 수 있을지 연구했습니다.

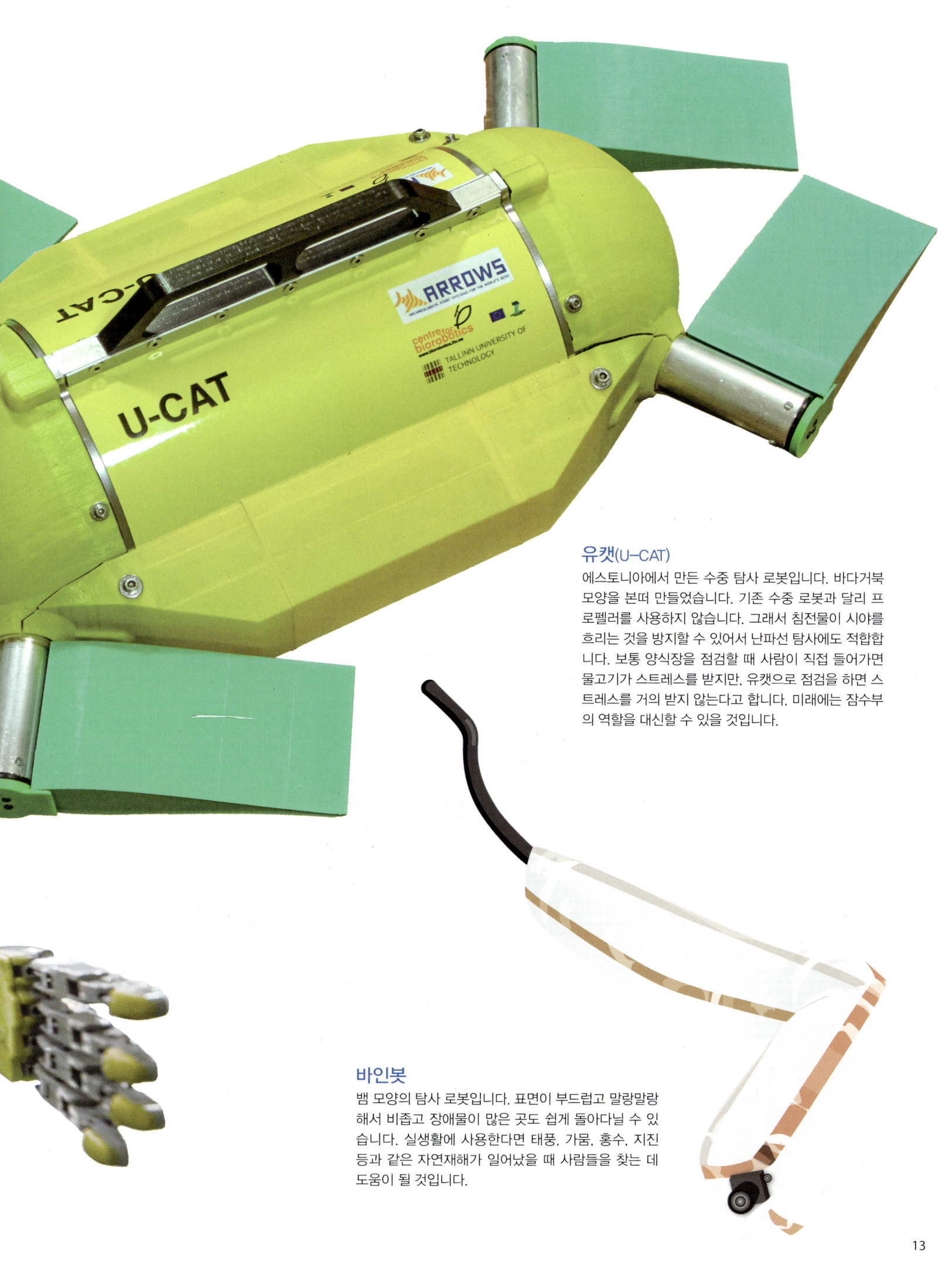

유캣(U-CAT)
에스토니아에서 만든 수중 탐사 로봇입니다. 바다거북 모양을 본떠 만들었습니다. 기존 수중 로봇과 달리 프로펠러를 사용하지 않습니다. 그래서 침전물이 시야를 흐리는 것을 방지할 수 있어서 난파선 탐사에도 적합합니다. 보통 양식장을 점검할 때 사람이 직접 들어가면 물고기가 스트레스를 받지만, 유캣으로 점검을 하면 스트레스를 거의 받지 않는다고 합니다. 미래에는 잠수부의 역할을 대신할 수 있을 것입니다.

바인봇
뱀 모양의 탐사 로봇입니다. 표면이 부드럽고 말랑말랑해서 비좁고 장애물이 많은 곳도 쉽게 돌아다닐 수 있습니다. 실생활에 사용한다면 태풍, 가뭄, 홍수, 지진 등과 같은 자연재해가 일어났을 때 사람들을 찾는 데 도움이 될 것입니다.

우리는 왜 로봇을 만들까요?

교과 연계 6학년 실과 (교학사, 금성, 동아, 미래엔) '발명과 로봇' 단원

우리는 왜 로봇을 만들까요? 사람은 위험한 일, 힘든 일, 귀찮은 일 등을 싫어하지요. 그래서 이런 일들을 대신해 줄 수 있는 로봇을 만든 것입니다. 로봇은 지치지 않고 정해진 명령에 따라 작동합니다. 고장이 나지 않는 이상 계속 맡은 일을 처리해 낼 수 있지요.
로봇을 일터에서 활용할 경우, 처음에는 구매 비용이 부담스러울 수 있습니다. 하지만 시간이 흐를수록 사람에게 임금을 주며 일을 시키는 것보다 로봇을 구매하여 유지하고 관리하는 비용이 더 적게 들어갑니다. 이렇게 일의 효율성을 높일 수 있고 장기적으로 비용이 적게 들기 때문에 로봇을 만들어 사람 대신 일을 시키는 것입니다.

아누
손님을 맞고 손님이 앉아 있는 곳으로 음식을 가져다 주는 이탈리아의 서빙 로봇입니다. 실시간 위치 인식과 장애물 회피가 가능하여 복잡한 환경에서도 임무 수행이 가능합니다.

오션원
미국에서 개발한 휴머노이드 잠수 로봇입니다. 위험한 바다 환경에서 사람 대신 잠수해서 일을 할 수 있습니다. 카메라를 통해 로봇을 조종하는 사람에게 다양한 정보를 보낼 수도 있습니다. 2017년 프랑스 툴롱 지역 바다에 잠수해서 루이 14세 때 침몰한 난파선 '라 룬'을 탐색하는 임무를 수행했습니다.

띵구

대화가 가능한 쇼핑 로봇 도우미입니다. 일본의 휴머노이드 로봇 '나오'에 미국 IBM이 개발한 인공 지능 기능을 탑재했습니다. 하지만 서비스에 필요한 프로그램은 이마트가 개발했습니다. 고객의 얼굴을 보고 그에 맞는 상품을 추천하고, 동물과 악기 연주를 흉내 내고, 음악에 맞춰 춤을 추기도 합니다.

엑시드로우

글씨를 쓰고 그림을 그릴 수 있는 로봇입니다. 중국 하얼빈에서 한 초등학생이 글씨 쓰기 로봇을 구매하여 숙제 쓰기를 대신 시켰다가 어머니에게 들키는 일이 있었습니다. 이 사건은 뉴스에 실리기까지 했습니다.

로봇은 어떻게 만들까요?

교과연계 6학년 실과 (교학사, 금성, 동아, 미래엔) '발명과 로봇' 단원 6학년 실과 (교학사) '생활 속 소프트웨어' 단원, (금성) '소프트웨어와 생활' 단원, (동아) '프로그래밍과 소통' 단원, (미래엔) '생활과 소프트웨어' 단원

로봇을 만들기 위해서는 다음과 같은 과정을 거칩니다.

첫째, 무슨 일을 할 수 있는 로봇을 만들 것인지 목표와 계획을 세웁니다. 그 뒤에는 로봇을 어떤 모습으로 만들지 디자인 등을 생각하면서 구체적인 설계도를 만들어야 합니다.

둘째, 뇌 역할을 할 수 있는 컴퓨터 프로그램이 필요합니다. 명령문이 담긴 프로그램을 짜서, 로봇을 전체적으로 통제하는 컴퓨터 시스템을 구축해야 합니다.

셋째, 센서 부품들, 전력 공급 장치, 컴퓨터 시스템 저장 장치 등을 모두 연결합니다.

넷째, 플라스틱, 쇠, 나무 등의 재료를 이용하여 만든 몸체와 내부 장치들을 결합시킵니다.

로봇에 따라 만드는 순서는 조금씩 달라질 수 있지만, 대체로 이 과정을 거쳐 만들어집니다.

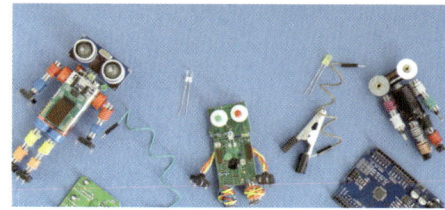

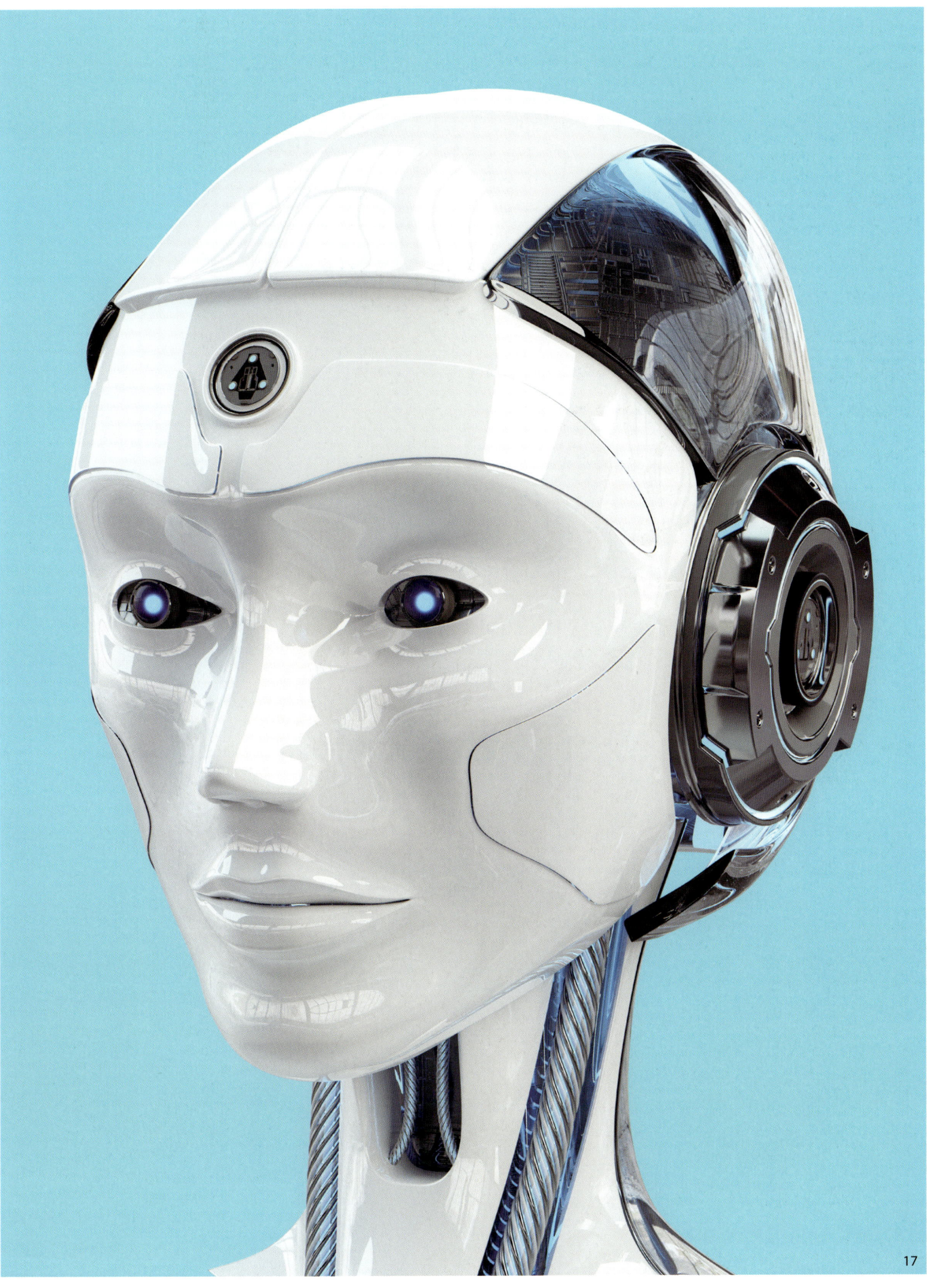

로봇은 어떻게 움직일까요?

교과 연계 6학년 실과 (교학사, 금성, 동아, 미래엔) '발명과 로봇' 단원 6학년 실과 (교학사) '생활 속 소프트웨어' 단원, (금성) '소프트웨어와 생활' 단원, (동아) '프로그래밍과 소통' 단원, (미래엔) '생활과 소프트웨어' 단원

로봇은 공통적으로 몸을 구성하는 '몸체', 에너지를 받을 수 있는 '전원 장치', 주변 상황을 파악하는 '감지 장치(감지 센서)', 몸체 중 움직이는 부분인 '구동 장치', 모든 것을 통제하고 명령하는 '제어 장치(중앙 처리 장치)'를 갖고 있습니다. 로봇은 대체로 다음과 같은 순서로 움직입니다. 첫째, 로봇 내부에 장착된 배터리 또는 외부와 연결된 전선을 통해 에너지를 공급받습니다. 둘째, 감지 장치를 통해 주변 상황에 대한 정보를 수집합니다. 셋째, 제어 장치를 이용해 어떻게 움직일지 판단을 하고 구동 장치에 명령을 내립니다. 넷째, 구동 장치는 명령을 받은 대로 움직입니다. 이처럼 로봇은 체계적인 과정을 거쳐 작동합니다.

로봇 전원 장치
로봇 팔에 전원을 공급하는 장치입니다. 로봇은 전원 장치와 전선 연결을 통해 전력을 공급받을 수 있습니다. 또는 로봇 내부에 있는 배터리에서 전원을 공급받기도 합니다.

적외선 장애물 감지 장치(감지 센서)
적외선을 감지할 수 있는 장치입니다. 감지 장치는 제어 장치가 장애물을 판단할 수 있도록 정보를 제공합니다.

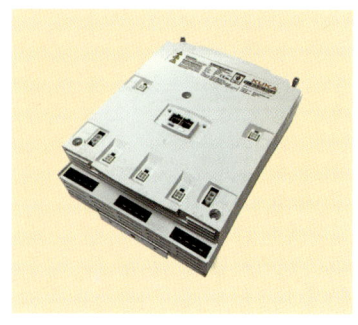
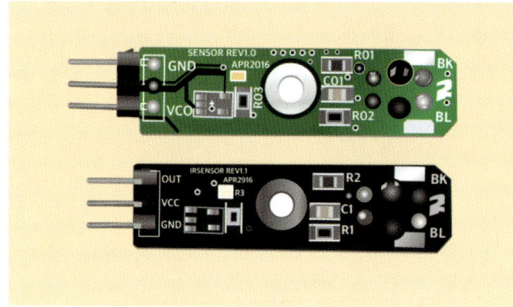
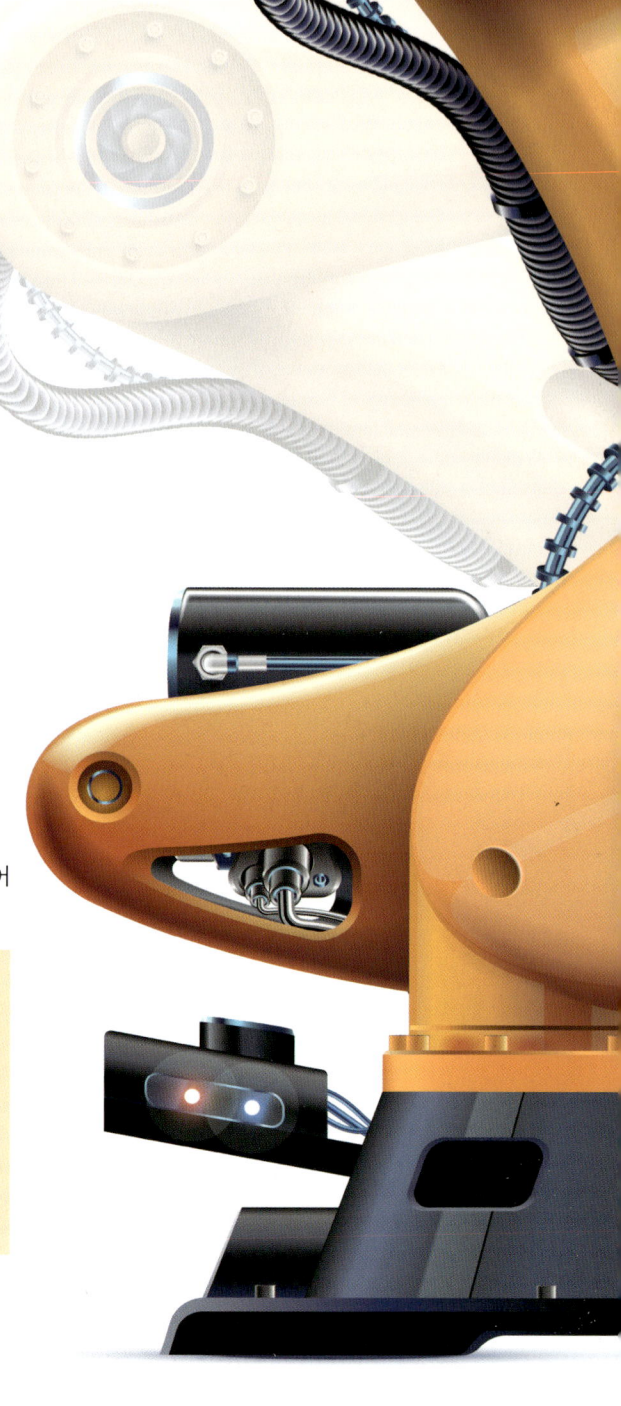

로봇 팔

로봇 청소기 제어 장치
로봇 청소기의 몸체를 분해하면 각종 센서와 이를 통제하는 제어 장치(프로세서가 담긴 보드)를 볼 수 있습니다. 이 부분을 바꾸면 로봇은 기존과 전혀 다른 움직임을 가질 수 있습니다.

로봇 팔 구동 장치
로봇 팔 구동 장치를 조립한 모습입니다. 제어 장치에 저장된 데이터에 따라 상황에 맞는 임무를 수행할 수 있습니다.

로봇은 어떻게 발전되어 왔나요?

교과 연계 6학년 실과 (교학사, 금성, 동아, 미래엔) '발명과 로봇' 단원

옛날에도 오늘날처럼 기계 장치를 통해 움직이는 인형이나 물건이 있었습니다. 이를 '오토마타'라고 불렀습니다. 우리가 생각하는 현대의 로봇처럼 컴퓨터 시스템, 감각 센서 등을 갖추지는 않았지만, 태엽을 감는 방식으로 동력을 제공하면 정해진 대로 움직일 수 있었습니다. 오토마타는 오늘날 로봇의 기원이 되었지요. 20세기로 들어서면서 센서로 주변 상황을 인식하고, 컴퓨터와 트랜지스터를 이용해 제어와 판단을 하는 기술이 개발되었습니다. 그 덕분에 사람이 태엽을 감지 않아도 상황에 따라 스스로 움직일 수 있는 로봇이 비약적으로 발전하기 시작했습니다. 이때서야 비로소 우리가 알고 있는 로봇의 모습을 갖추게 되었습니다. 최근에는 로봇과 인공 지능 기술의 결합을 시도하고 있습니다. 머지않은 미래에 우리는 데이터를 통해 스스로 학습하고 자신의 판단에 따라 움직이는 인공 지능 로봇과 함께할 것입니다.

미래의 로봇
미래에는 데이터를 통해 스스로 학습하고 자신의 판단에 따라 움직일 수 있는 인공 지능 로봇도 개발될 것입니다.

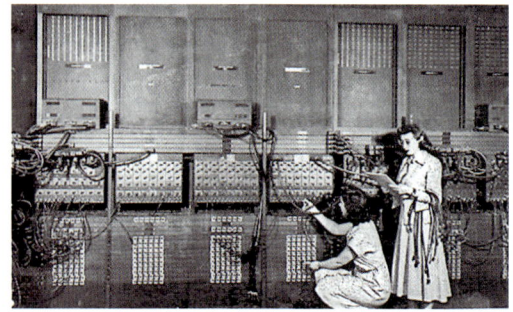

애니악
1943~1946년에 만든 전자식 컴퓨터입니다. 당시 사격의 궤적을 계산하는 데 계산기로 40시간이 걸렸으나, 애니악은 10초밖에 걸리지 않았습니다. 훗날 컴퓨터 덕분에 로봇이 더 발전할 수 있었습니다.

유니메이트

1961년 미국에서 개발한 최초의 로봇 팔입니다. 정해진 명령에 따라 연속된 동작을 수행했습니다. 자동차 공장에서 부품을 조립할 때 활용되었습니다.

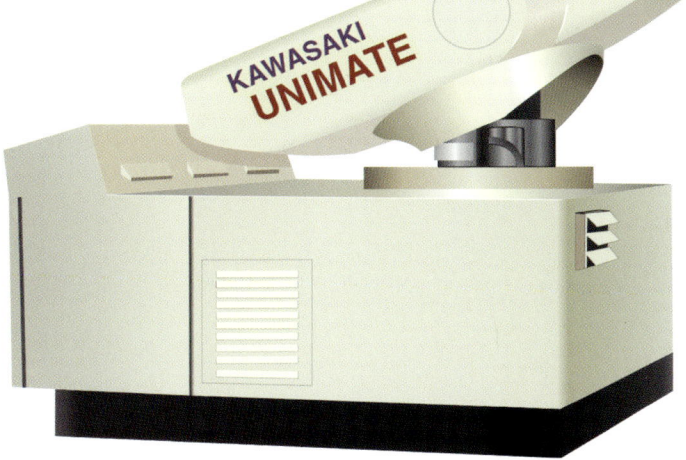

공항 안내 로봇

최근에는 주변 상황을 인식하고 제어와 판단이 가능한 인공 지능 로봇이 개발되고 있습니다. 사진은 공항에서 안내를 돕는 로봇의 모습입니다.

백화점 고객 안내 로봇

백화점에서 고객이 가고자 하는 매장을 안내하는 로봇입니다.

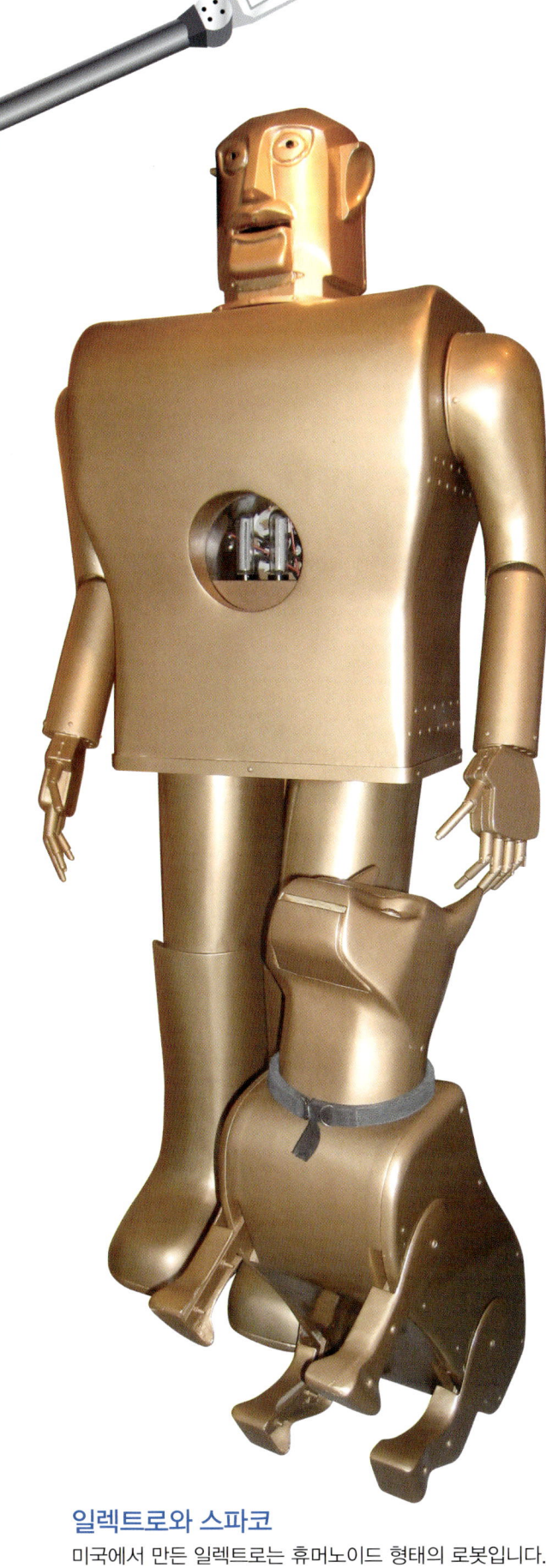

일렉트로와 스파코

미국에서 만든 일렉트로는 휴머노이드 형태의 로봇입니다. 700개의 단어를 말할 수 있고, 사람의 명령에 따라 전기 모터를 이용해 걷기도 합니다. 스파코는 개 모습의 로봇입니다. 뒷발로 설 수 있고, 꼬리를 흔들 수도 있습니다.

로봇도 뇌가 있나요?

교과 연계 6-2 과학 4단원 '우리 몸의 구조와 기능' 6학년 실과 (교학사, 금성, 동아, 미래엔) '발명과 로봇' 단원 6학년 실과 (교학사) '생활 속 소프트웨어' 단원, (금성) '소프트웨어와 생활' 단원, (동아) '프로그래밍과 소통' 단원, (미래엔) '생활과 소프트웨어' 단원

사람을 포함한 대부분의 동물들은 뇌가 있습니다. 뇌는 주변 환경에 따라 어떻게 반응해야 하는지 판단을 하고, 몸에 명령을 내리는 역할을 합니다. 모든 몸을 통제하기 때문에 무척 중요한 기관이지요. 그렇다면 로봇도 뇌가 있을까요? 로봇의 뇌 역할을 하는 것은 중앙 제어 장치인 컴퓨터입니다. 컴퓨터는 감각 센서들을 통해 정보를 수집합니다. 그리고 저장된 프로그램을 바탕으로 판단을 내린 뒤, 몸체가 움직이도록 명령을 내리지요. 로봇에게 뇌의 기능을 하는 컴퓨터가 없다면 단순한 기계에 불과합니다. 현재 인공 지능의 발달로 로봇은 여러 가지 변수가 있는 복잡한 상황을 분석하고, 스스로 판단하여 명령을 내리기도 합니다. 앞으로 기술이 더 발전하면 로봇의 뇌는 인간을 뛰어넘을 수도 있을 것입니다.

감정 인지 로봇 페퍼
일본에서 개발한 세계 최초의 감정 인지 로봇입니다. 사람의 감정을 인지하고 감정에 맞는 말과 행동을 할 수 있습니다. 이 모든 것은 중앙 제어 장치에 저장된 프로그램을 통해서 가능합니다. 현재는 생산이 중단되었습니다.

벡스 아이큐 뇌
벡스 아이큐는 아이들의 코딩 교육을 돕는 로봇입니다. 뇌 역할을 하는 이 제어 장치는 로봇에 장착된 센서 정보를 인식하고, 움직임을 통제할 수 있습니다.

로봇 청소기의 메인보드
로봇 청소기의 뇌 역할을 하는 부분입니다. 장애물을 감지하는 센서, 바퀴를 움직일 수 있는 모터, 전력을 공급하는 전선 등이 모두 이곳과 연결됩니다.

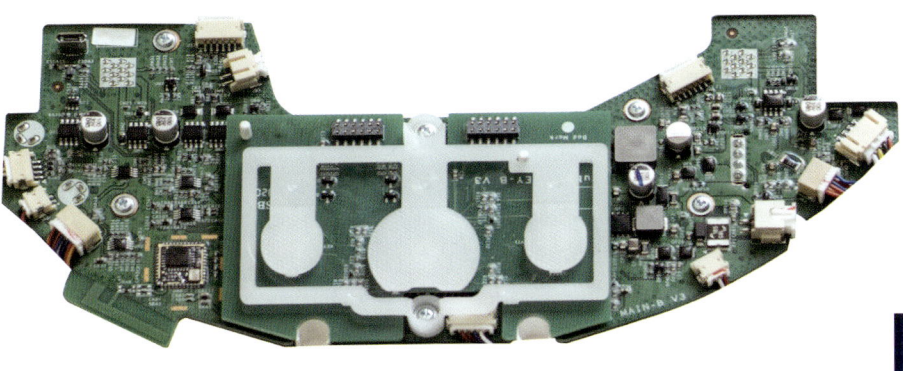

소피아의 뇌
홍콩에서 만든 휴머노이드 로봇 소피아의 머리 뒤편 모습입니다. 사람의 뇌 역할을 하는 제어 장치 부분에 수많은 부품들과 전선이 복잡하게 연결되어 있습니다.

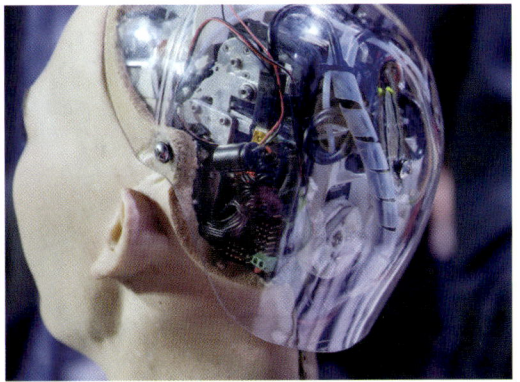

사람의 뇌
사람을 전체적으로 통제할 수 있는 중요 부위가 바로 뇌입니다. 손, 눈, 코 등의 감각 기관은 뇌에 정보를 전달합니다. 뇌는 감각 기관에서 받은 정보를 종합적으로 판단하여 각 부위에 명령을 내립니다. 우리 몸은 뇌의 명령에 따라 움직입니다.

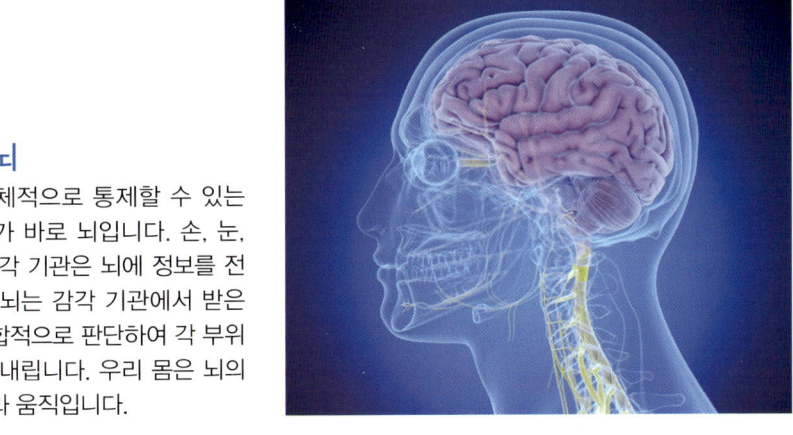

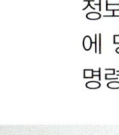

로봇도 감정이 있나요?

교과 연계 3-1 국어 4단원 '내 마음을 편지에 담아' 6학년 실과 (교학사, 금성, 동아, 미래엔) '발명과 로봇' 단원

어떤 현상이나 상황을 접했을 때 마음에서 일어나는 느낌과 기분을 감정이라고 합니다. 사람은 두려움, 행복함, 즐거움 등의 감정을 느낍니다. 로봇은 상황에 따른 논리적 판단을 내릴 수는 있어도, 감정을 느끼지는 못합니다. 단, 로봇이 주어진 상황에 맞추어 감정을 표현하는 것처럼 보이도록 만들 수는 있습니다. 로봇이 감정을 느끼기 위해서는 자신의 존재를 인식할 수 있는 자아가 있어야 합니다. 하지만 현재 과학 기술로는 불가능합니다. 과학 기술이 비약적으로 발전하여 앞으로 인간처럼 감정을 느낄 수 있는 로봇이 나오기를 기대해 봅니다.

놀람 / 두려움 / 즐거움 / 행복함

제노
유럽 연합에서 자폐 아동과의 상호 작용 및 교육을 위해 만든 로봇입니다. 얼굴의 모터를 이용해서 여러 표정을 지을 수 있으며, 농담도 할 수 있습니다. 이 외에도 외국어로 말하기, 책 읽어주기, 음악에 맞추어 춤추기 등을 할 수 있어 아이들을 교육할 때 활용하기도 합니다.

한
미국의 핸슨 로보틱스에서 만든 휴머노이드 로봇입니다. 상대의 말이나 감정을 이해하고 눈썹을 치켜올리거나 윙크를 하거나 입을 벌리고 놀라는 모습 등의 표정을 지을 수 있습니다. 자폐증 어린이 병동의 간호사로 일하는 것을 목표로 하고 있습니다.

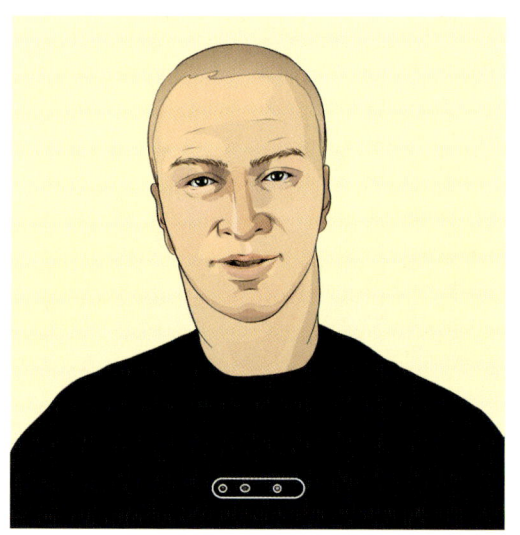

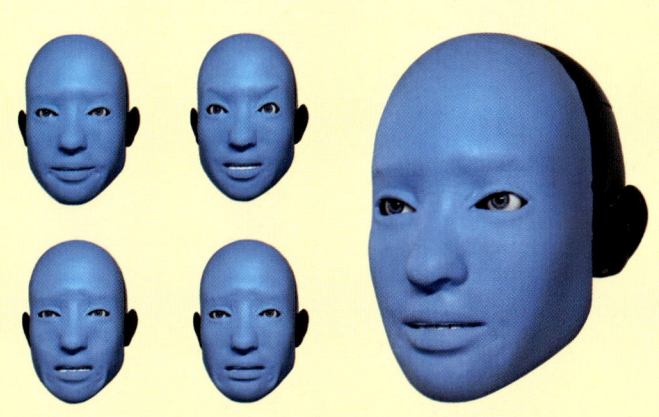

에바
미국에서 개발한 로봇으로 사람과 감정을 교류할 수 있습니다. 인공 근육과 사람의 얼굴 피부에 연결되어 있는 42개의 소근육의 움직임을 본떠서 만들었습니다. 따라서 분노, 두려움, 기쁨, 슬픔, 놀람, 혐오 등 여섯 가지의 기본적인 감정을 상황에 맞추어 따라할 수 있습니다.

아메카
2022년 영국의 로봇 기업 '엔지니어드 아츠'가 선보인 휴머노이드 로봇입니다. 대화를 하며 눈동자와 눈썹, 눈꺼풀, 입꼬리 등을 자연스럽게 움직여 사람과 유사하게 감정을 표현할 수 있습니다. 머리 안에 들어 있는 17개의 개별 모터가 움직임과 얼굴 표정을 제어합니다.

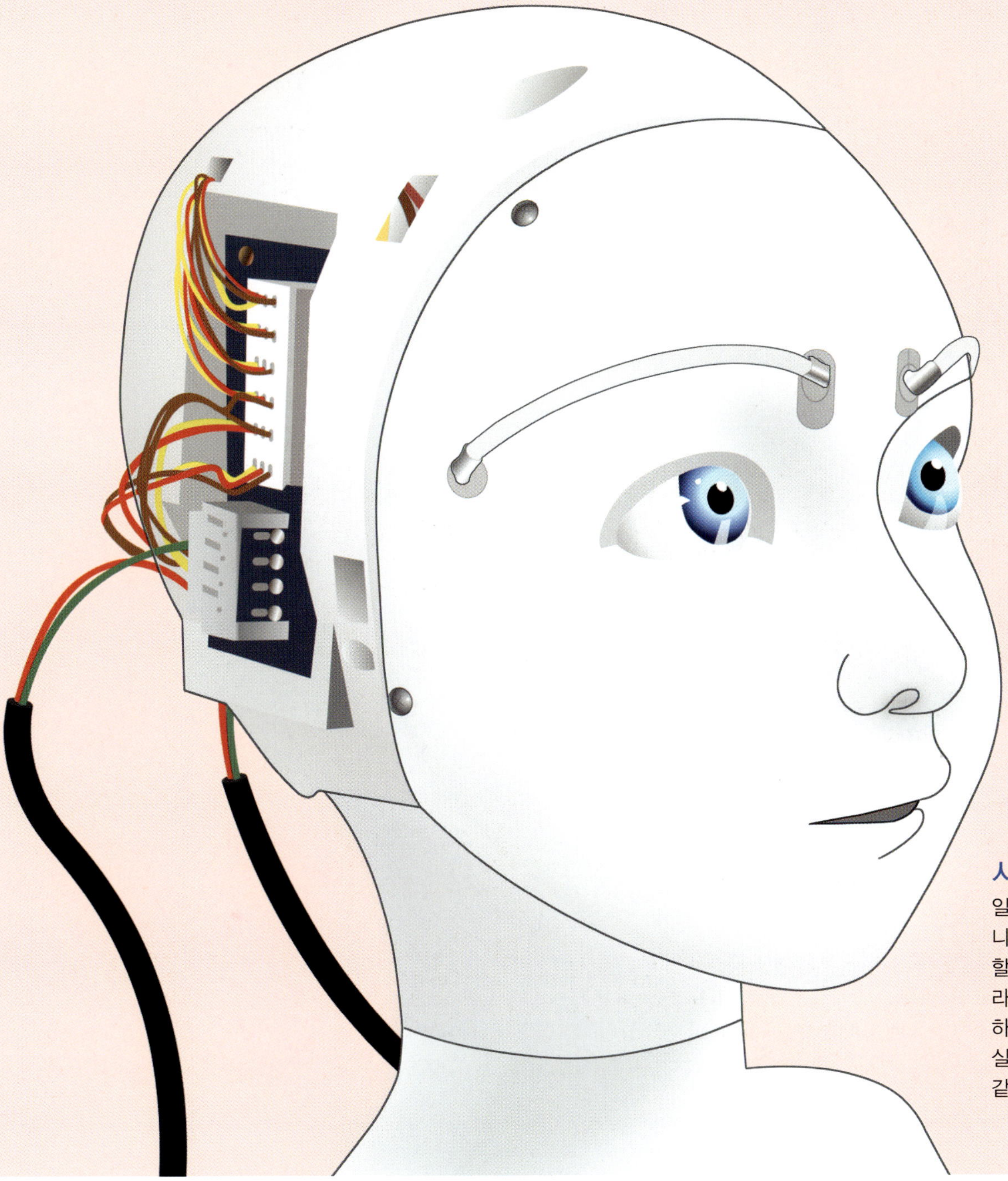

시어
일본에서 개발한 로봇입니다. 사람과 눈 맞추기를 할 수 있으며, 표정을 따라할 수도 있습니다. 섬세하고 사실적인 눈 때문에 실제 사람 눈을 보는 것 같은 느낌이 듭니다.

사람이 로봇처럼 될 수 있나요?

교과 연계 6-2 과학 4단원 '우리 몸의 구조와 기능' 6학년 실과 (교학사, 금성, 동아, 미래엔) '발명과 로봇' 단원

우리 인간은 육체를 갖고 있기 때문에 언젠가는 다치고 병이 들 수 있습니다. 또한 체력이 한정되어 있으며, 크게 다치면 회복이 불가능한 경우도 있습니다. 하지만 로봇은 기계이기 때문에 인간이 겪는 육체적 한계를 뛰어넘습니다. 고장이 난다고 해도 새로운 부품으로 교체하거나, 프로그램을 다시 설치하면 됩니다. 그렇다면 사람이 로봇처럼 될 수는 없을까요?

최근 로봇과 인간의 결합을 시도하여 로봇의 장점을 활용하기 시작했습니다. 바로 입는 로봇(착용 로봇)입니다. 입는 로봇은 여러 현장에서 사용되고 있습니다. 자동차 조립하는 곳에서 일하는 사람이 로봇을 입으면 지치지 않고 힘도 더 낼 수 있습니다. 몸이 불편한 사람은 팔이나 다리 등 몸의 일부를 로봇으로 대체하기도 합니다. 먼 훗날에는 인간이 가진 몸의 한계를 로봇이 극복시켜 줄 것입니다.

의족 로봇

사용자의 보행 패턴과 주변의 지형 변화를 인식해서 즉각 반응을 할 수 있는 의족 로봇입니다. 다리가 없는 사람이 착용하면 발을 헛디디거나 장애물과 부딪치는 확률이 줄어듭니다. 현재 우리나라 재활 센터에서 활용되고 있습니다.

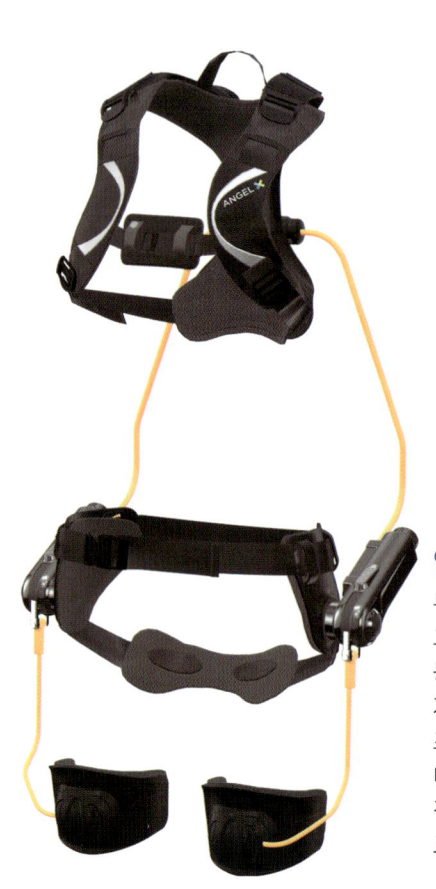

엔젤 X

무거운 짐을 들고 내리고, 허리를 굽히고 펴는 동작을 자주 하는 작업자의 관절과 허리를 보조하는 입는 로봇입니다. 오랜 시간 반복적인 작업을 할 때 효과적으로 피로를 줄여 줍니다.

GEMS

삼성전자의 입는 로봇입니다. 고관절, 무릎, 발목 등에 착용하여 보행에 관여하는 근육의 부담을 덜어 주는 로봇입니다. 이 로봇을 착용하고 걸음을 걸으면 보행 속도가 14% 높아집니다.

하네스

이탈리아에서 만든 손 로봇입니다. 하네스는 사람 손처럼 손가락을 움직이는 속도와 힘을 조절하여 물건을 잡고 옮길 수 있습니다. 무거운 물건을 쥐고 옮길 수 있는 강철 로봇 팔은 사고나 질병으로 손을 잃은 사람을 도울 수 있습니다. 아직 상용화되지는 않았습니다.

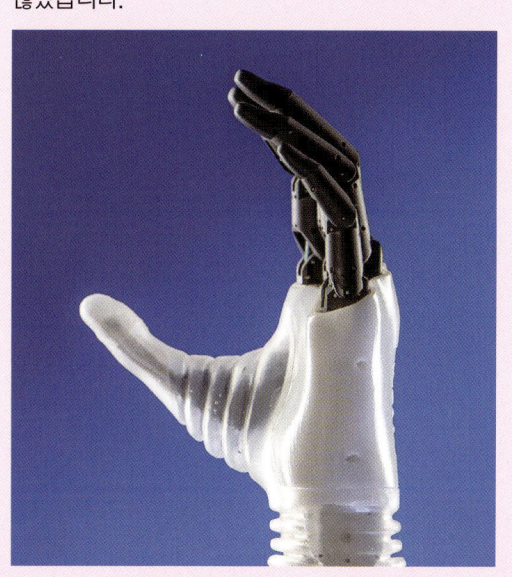

보행 보조 입는 로봇

척추 부상으로 하반신 마비가 된 환자가 입는 로봇을 착용하고 걷고 있습니다. 이 로봇은 장애인 및 노령자의 보행 보조 수단으로 큰 도움을 줄 것입니다.

H-LEX

현대차에서 개발하고 있는 의료용 입는 로봇으로, 하반신 마비 환자의 보행을 도와줍니다.

로봇은 사람의 명령을 무조건 따라야 하나요?

교과 연계 6학년 실과 (교학사, 금성, 동아, 미래엔) '발명과 로봇' 단원

로봇은 사람이 설계한 프로그램에 따라 움직입니다. 그런데 사람이 내리는 명령을 로봇이 무조건 따라야 할까요? 만약 물건을 훔치거나 사람을 해치라는 지시처럼 불법적인 행위를 시킨다면 로봇은 어떻게 해야 할까요? 이 문제를 해결하기 위해 1942년 미국의 공상 과학 소설가 아이작 아시모프가 로봇이 지켜야 할 세 가지 원칙을 만들었습니다.

첫째, 로봇은 인간에게 해를 끼쳐서는 안 되며 위험에 처한 사람을 내버려 두어서는 안 된다.

둘째, 로봇은 인간에게 반드시 복종해야 한다.

셋째, 로봇은 자기 자신을 보호해야 한다.

하지만 이 원칙은 완벽하지 않습니다. 전쟁에 사용되는 전투 로봇은 적군을 해치우라는 명령을 수행해야 하지만, 인간에게 해를 끼치면 안 된다는 원칙도 지켜야 하기 때문입니다. 앞으로는 로봇이 지켜야 할 원칙을 현실에 맞게 수정, 보완하여 체계화할 필요가 있습니다.

영화 「터미네이터」

영화 「터미네이터」는 로봇이 인류를 멸망시키려 한다는 내용을 담고 있습니다. 과학 기술의 발달로 인간의 능력을 뛰어넘는 로봇이 개발되면서, 한편으로 로봇이 사람의 명령을 거스를 수도 있다는 불안감을 드러낸 영화입니다.

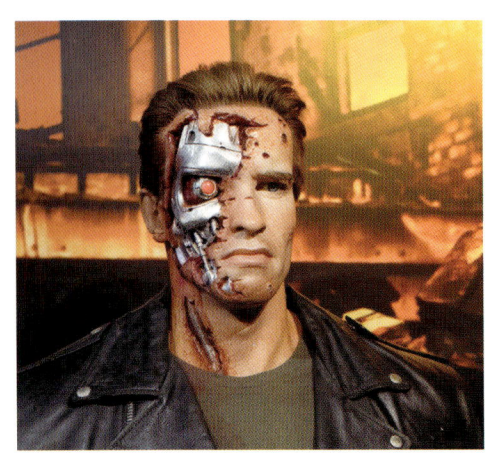

마르스

미국 해군 훈련에 투입된 로봇입니다. 기관총과 총알을 갖고 이동하며, '유탄'이라고 불리는 작은 폭발물도 발사할 수 있습니다. 정찰이 주된 임무이지만 방어를 위해 무기를 장착하고 다닙니다. 사람을 해칠 수도 있는 무시무시한 로봇입니다.

폭탄 제거 로봇

폭탄 제거와 같은 위험한 작업에 로봇이 사람 대신 일을 하면 인명 피해를 줄일 수 있습니다.

동물 모습의 로봇이 있나요?

교과연계 3-2 과학 2단원 '동물의 생활' 5학년 실과 (교학사) '생명 기술 시스템과 동식물' 단원, (동아) '식물과 동물' 단원 (금성) '동식물과 우리 생활' 단원, (미래엔) '생활과 동식물' 단원 6학년 실과 (교학사, 금성, 동아, 미래엔) '발명과 로봇' 단원

자연에서는 다양한 동물들이 주변 환경에 적응하여 살아갑니다. 이들은 저마다의 특징을 갖고 있지요. 사람들은 자연에 효과적으로 적응한 동물의 특징을 모방하여 제품을 만들었습니다. 예를 들면 독수리의 날카롭고 휘어진 발톱의 특징을 이용하여 물건을 들어 올릴 수 있는 집게차를 만들었습니다.
로봇 분야에서도 동물의 특징을 이용하고 있습니다. 로봇이 주변 환경의 제약을 쉽게 극복하면서 자신의 역할을 수행할 수 있기 때문입니다. 예를 들어 로봇 물고기는 물고기가 가진 유선형의 몸체를 모방하여 물의 저항을 적게 받을 수 있습니다. 박쥐 로봇은 박쥐의 가벼운 몸체와 커다란 날개를 모방하여 하늘을 날 수 있습니다.
앞으로 사람들은 보다 더 많은 동물의 특징을 활용하여 기능이 우수한 로봇을 만들 것입니다.

센티피드
고층 빌딩 유리창 청소를 위한 로봇으로, 지네의 모양을 본떠서 만들었습니다.

수영장 청소 로봇
해파리 모양의 수영장 청소 로봇입니다.

벌 로봇
벌 모양의 로봇입니다.

박쥐 로봇
생체 모방 로봇 회사인 '페스토'에서 만든 박쥐 로봇입니다. 가벼운 몸체를 이용해 자유자재로 날 수 있는 박쥐의 모습을 모방하여 만들었습니다. 프로펠러 없이도 잘 날아다니는 방법을 연구하기 위해 개발했습니다.

스파이더
우리나라 기술로 자체 생산할 계획인 유리창 청소 로봇입니다. 끈질긴 생명력을 지닌 거미의 모양을 본떠서 만들었습니다. 일반 커피숍(카페), 식당, 매장, 아파트 베란다의 유리창을 닦는 용도입니다.

마이로
도미를 본떠서 만든 인공 지능 물고기 로봇입니다. 눈에서 불빛이 나오고, 꼬리를 흔들며 부드럽게 수영을 합니다. 어항 안에서 수영을 할 때 서로 부딪치지 않도록 프로그램화되어 있습니다.

사람 모습의 로봇이 있나요?

교과 연계 6-2 과학 4단원 '우리 몸의 구조와 기능' 6학년 실과 (교학사, 금성, 동아, 미래엔) '발명과 로봇' 단원

사람처럼 생긴 로봇을 '휴머노이드'라고 합니다.
세계 최초의 휴머노이드는 '와봇1'입니다. 손으로는 물건을 붙잡고,
두 다리로는 걸음을 걸을 수 있습니다.
그렇다면 우리나라에서 가장 먼저 만들어진 휴머노이드는 무엇일까요?
바로 '센토'입니다. 센토는 어린아이 정도의 사고력을 가진 두뇌와
시각, 청각, 촉각을 느낄 수 있는 감각 센서를 갖고 있습니다. 그래서
물건 조립, 블록 쌓기, 톱질, 말하기, 걷기 등을 수행할 수 있습니다.
그 이후, 휴머노이드는 더욱 발전했습니다. 일본에서는 '아시모'를,
우리나라에서는 '휴보'를 만들었습니다. 이 로봇들은 사람처럼 계단을
오르내릴 수 있고 간단한 춤도 출 수 있습니다. 나중에는 겉모습까지도
사람과 비슷한 로봇들도 개발되었습니다. '소피아'라는 로봇은
여성의 모습을 갖고 있는데 여러 가지 표정을 지으며
대화도 할 수 있습니다. 시간이 흐르면
더욱 인간의 모습과 유사한 로봇이
개발될 것입니다.

소피아
홍콩에서 만든 휴머노이드 로봇입니다. 사람처럼 여러 가지 표정을 지을 수 있으며, 인공 지능 알고리즘을 활용해 대화도 나눌 수 있습니다. 사람 피부와 비슷한 느낌의 소재를 이용해서 진짜 사람처럼 보이도록 만들었습니다.

휴보
우리나라 카이스트에서 개발한 휴머노이드입니다. 손가락 관절이 있어서 가위바위보가 가능합니다. 계단을 오르내릴 수도 있습니다.

센토
1999년에 개발된 국내 최초의 4족 보행 로봇입니다. 하체는 말처럼 다리가 4개이지만, 상체는 사람의 모습을 갖추고 있습니다. 지능형 소프트웨어와 여러 센서를 갖추고 있어서 물건 조립, 블록 쌓기, 톱질 등의 작업을 할 수 있습니다.

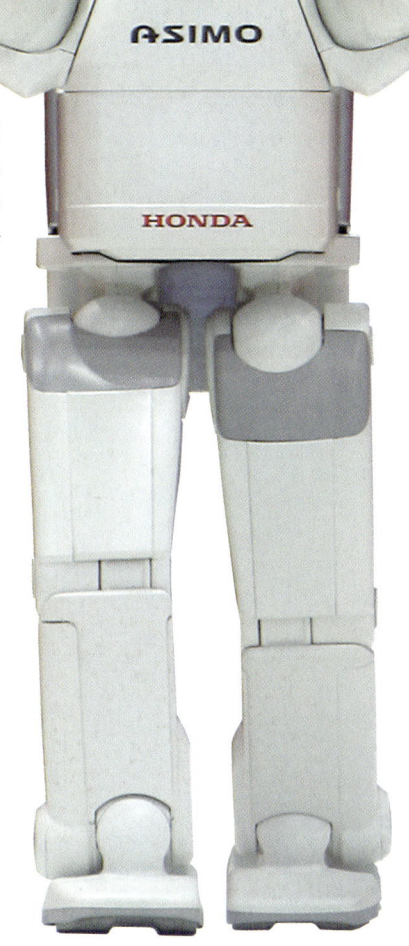

아시모
일본에서 개발한 지능형 휴머노이드입니다. 처음으로 사람처럼 두 발로 걸은 로봇입니다. 깡충깡충 뛰기, 춤추기, 수화 등의 행동도 가능합니다.

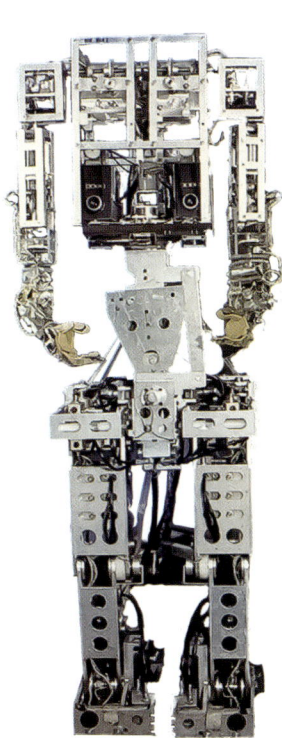

와봇1
1973년, 일본에서 개발한 휴머노이드입니다. 각종 센서를 통해 거리와 방향을 측정하고 두 다리로 이동합니다. 물체를 손으로 쥘 수 있으며, 일본어로 간단한 대화도 가능합니다.

스스로 학습할 수 있는 로봇이 있나요?

교과연계 6학년 실과 (교학사, 금성, 동아, 미래엔) '발명과 로봇' 단원 6학년 실과 (교학사) '생활 속 소프트웨어' 단원, (금성) '소프트웨어와 생활' 단원, (동아) '프로그래밍과 소통' 단원, (미래엔) '생활과 소프트웨어' 단원

초기에 개발되었던 로봇은 사람이 중앙 제어 장치에 저장해 놓은 명령대로만 움직였습니다. 그래서 주변 환경이 바뀌더라도 유연하게 대처하지 못하고 정해진 틀대로만 작동했습니다. 만약 새로운 판단을 내리도록 만들고 싶다면 프로그램을 매번 새로 업데이트해야 했습니다.

하지만 최근 인공 지능이 발전하면서 컴퓨터가 스스로 학습을 하고 상황에 알맞은 판단을 내릴 수 있게 되었습니다. 덕분에 인공 지능이 장착된 로봇은 주변 환경에 따라 논리적으로 판단하고, 유연하게 활동이 가능해졌습니다.

인공 지능의 발달에 로봇의 미래가 달렸다고 해도 될 만큼, 로봇이 스스로 학습하는 기능은 앞으로 중요한 역할을 할 것입니다.

알파고
구글에서 개발한 인공 지능 바둑 프로그램입니다. 그동안 사람들이 대결했던 바둑 시합 자료를 이용해 스스로 학습을 했습니다. 우리나라 이세돌에게 패배한 한 경기를 제외하고, 인간과의 모든 바둑 대결에서 승리를 거두었습니다. 인공 지능은 향후 질병 진단, 건강 관리, 기후 변화 예측, 무인 자율 주행차, 로봇 등에 활용될 예정입니다.

캐시

2016년에 미국에서 개발한 로봇입니다. 걷는 방법을 학습하는 2족 보행을 할 수 있습니다. 인공 지능 기술인 강화 학습을 이용해 보행 훈련을 받으면서 스스로 걷는 방법을 터득했습니다. 캐시 위에 짐을 올려놓거나, 옆에서 미는 돌발 상황을 일으켜 로봇이 주위 환경에 대응하는 능력을 갖추도록 했습니다. 상품 배송 업무에 활용할 것으로 기대됩니다.

닥틸

미국 인공 지능 연구소 '오픈 AI'에서 만든 손 로봇입니다. 인공 지능을 이용해 스스로 움직이는 동작을 학습합니다. 닥틸은 사람이 별도의 동작을 프로그래밍하지 않아도 큐브 문제를 스스로 풀 수 있습니다.

앰비덱스

네이버랩스가 한국기술교육대학교와 함께 개발한 양팔 로봇입니다. 공장에서의 로봇과는 달리, 빠르고 가벼우면서도 유연한 구조로 일상 공간에서 사람과의 안전한 공존이 가능합니다. 현재 앰비덱스는 인공 지능을 통해 사람의 움직임을 직접 학습하고 있으며, 더 똑똑하고 정교한 작업을 해낼 수 있도록 다양한 실험과 연구가 계속되고 있습니다.

로봇을 위한 대회도 있나요?

교과 연계 6학년 실과 (교학사, 금성, 동아, 미래엔) '발명과 로봇' 단원 6학년 실과 (교학사) '생활 속 소프트웨어' 단원, (금성) '소프트웨어와 생활' 단원, (동아) '프로그래밍과 소통' 단원, (미래엔) '생활과 소프트웨어' 단원

사람들은 친선을 도모하고, 올바른 경쟁을 통해 발전하기 위해 올림픽이나 월드컵과 같은 대회에 참여합니다. 경기를 관람하는 사람은 선수들이 열정적으로 활동하는 모습을 보면서 감동을 받거나 즐거움을 느끼지요.

사람을 위한 대회가 있듯이 로봇이 참여할 수 있는 대회가 있습니다. 세계 여러 기관에서 로봇 격투 대회, 로봇 댄스 대회, 로봇 씨름 대회, 로봇 축구 대회, 로봇 스키 대회 등을 개최하고 있습니다. 그중 사이배슬론 대회는 로봇·장애인 융합 국제 올림픽으로 유명합니다. 인조인간을 뜻하는 '사이보그'와 경기를 의미하는 라틴어 '애슬론'의 합성어인 사이배슬론은, 2016년도 스위스에서 개최된 제1회 대회를 시작으로 4년마다 열리며, 총 6개 종목으로 이루어져 있습니다.

로봇 대회는 관람객에게 흥미와 재미를, 참가자들에게는 기능 발전과 보완할 점에 대해 생각할 거리를 줍니다. 로봇 대회 개최에 따른 장점이 크기 때문에 앞으로 대회의 규모와 종목의 다양성은 점차 커질 것입니다.

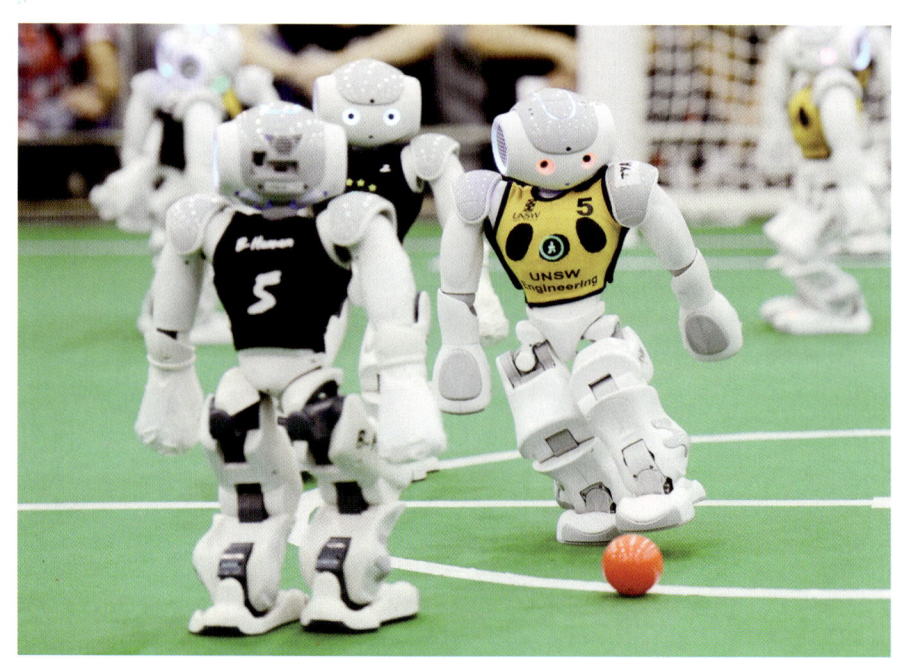

세계 로봇 축구 대회
세계의 로봇 학자들이 '세계 로봇 축구 연맹'을 창립한 후, 매년 축구 대회를 열고 있습니다. 본선에 진출하기 위해서는 각 대륙의 예선전을 통과해야만 합니다. 전 세계 60여 회원국이 참여하고 있으며 참가팀에게 끊임없는 연구 개발의 동기를 부여하고 있습니다.

로봇 댄스
로봇 페스티벌에 참가한 로봇들이 열정적인 댄스 경연을 벌이고 있습니다.

스키 로봇 챌린지
2018년 세계 최초로 우리나라 평창에서 열린 스키 로봇 대회입니다. 로봇들은 관절과 영상 인식 기술을 이용하여 장애물을 피하며 슬로프를 내려오면 됩니다. 부딪치거나 넘어지지 않고 가장 빨리 내려온 로봇이 우승을 차지합니다.

로보원 대회
일본에서 열리는 로봇 격투기 대회입니다. 인간의 형태를 갖춘 로봇만 참여가 가능합니다. 주먹 휘두르기, 발차기, 밀기 등을 이용해 상대를 쓰러트리면 됩니다. 쓰러진 로봇이 10초 안에 일어나지 못하면 패하는 방식입니다.

컬리
'인공 지능 컬링 로봇 경기 시연회'에서 컬링 로봇 '컬리'가 투구를 하는 모습입니다.

미래에는 어떤 로봇이 만들어질까요?

교과연계 5학년 실과 (교학사) '수송 기술과 우리 생활' 단원, '일과 직업 탐색' 단원, (동아) '수송과 생활' 단원, '나의 발견과 나의 미래' 단원, (금성) '수송 기술과 안전 관리' 단원, '나와 직업' 단원, (미래엔) '생활과 수송' 단원, '나의 진로' 단원 6학년 실과 (교학사, 금성, 동아, 미래엔) '발명과 로봇' 단원

현재 로봇은 우리 일상생활에서 많은 역할을 하고 있습니다. 예를 들어 가정에서는 로봇 청소기로 집 안을 청소하고, 공장에서는 로봇 팔이 부품을 조립하는 일을 합니다. 병원에서는 정밀 수술을 필요로 할 때 로봇을 활용하고 있지요. 만약 미래에 과학 기술이 더 발전한다면 어떤 로봇이 만들어질까요? 가정에서는 가사 도우미처럼 집안일을 수행할 수 있는 로봇이 늘어날 것입니다. 병원에서는 수술 대신 사람 몸속에 세포 크기의 나노 로봇을 주입하여 질병을 치료할 것입니다. 거리에는 자율 주행(운전자가 직접 운전하지 않고, 차량 스스로 도로에서 달리게 하는 일)이 가능한 자동차 로봇이 많아지겠지요. 공장이나 사무실에서는 사람 대신 일을 하는 로봇이 활약할 것입니다.

청소 전담 로봇

엘리베이트

걸어 다닐 수 있는 자동차 로봇 상상도입니다. 우리나라 자동차 기업인 현대차에서 미래에 개발하겠다고 발표했습니다. 미래에 지형이 험난한 지역이나 비포장도로에서 유용하게 활용할 수 있을 것입니다.

나노 로봇

나노 로봇을 우리 몸속에 주입하면, 수술을 하지 않고도 병을 치료할 수 있습니다. 나노 로봇이 상용화되면 사람들이 질병의 고통에서 벗어날 수 있는 세상이 펼쳐질 것입니다.

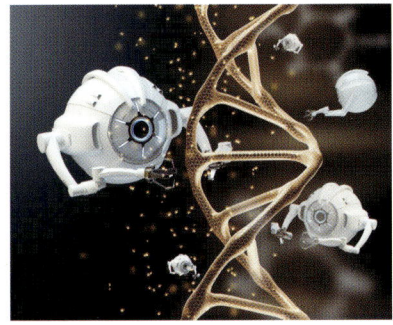

공장에서 일하는 로봇

미래에는 사람들이 하기 힘든 일, 위험한 일, 더러운 일 등을 대부분 로봇이 대신할 것으로 보입니다. 공장이나 사무실에서 일하는 로봇의 역할은 점차 늘어날 것입니다.

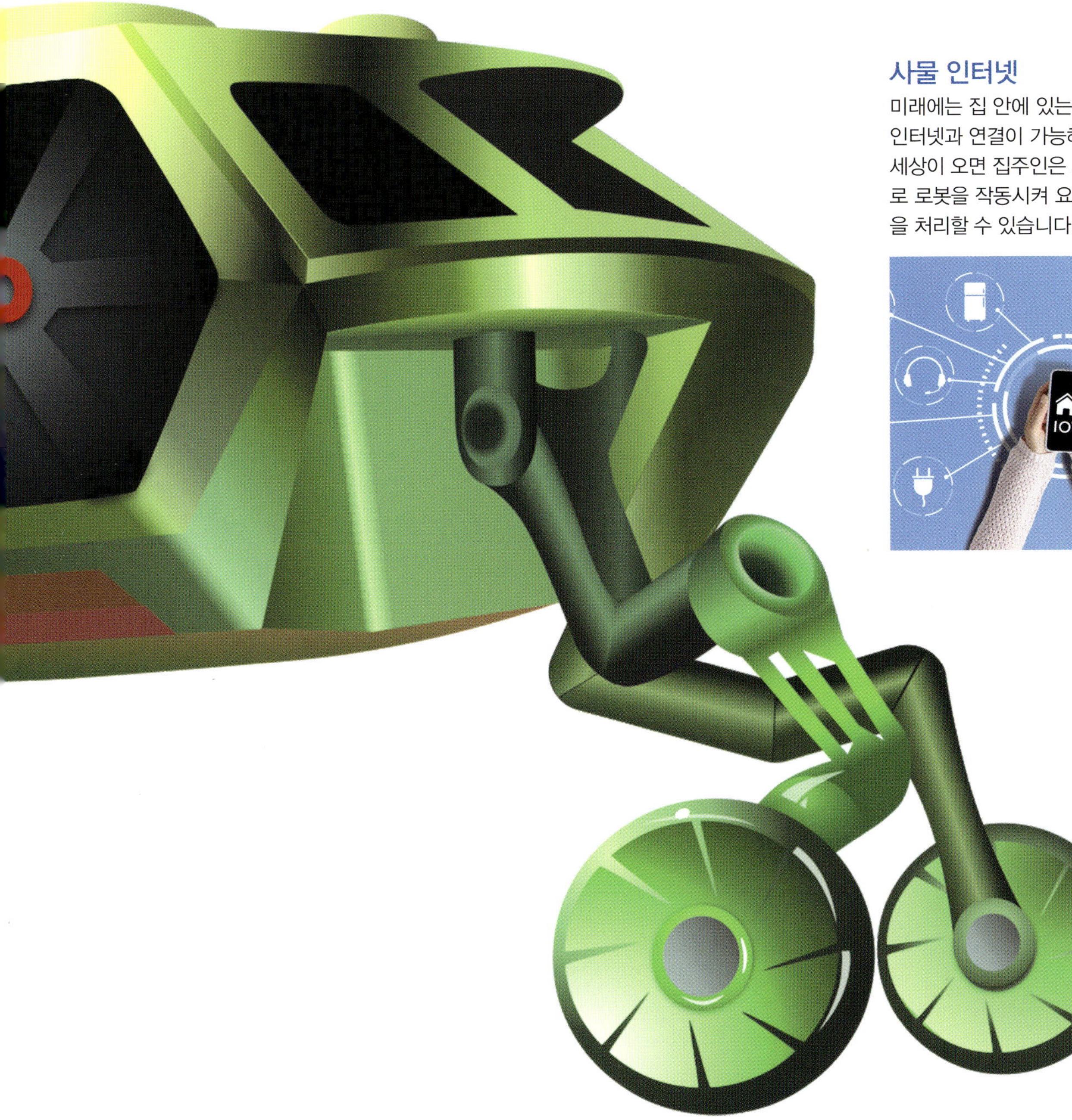

사물 인터넷

미래에는 집 안에 있는 가전제품들이 로봇화되고, 인터넷과 연결이 가능해질 것입니다. 사물 인터넷 세상이 오면 집주인은 스마트폰에 있는 버튼 하나로 로봇을 작동시켜 요리, 세탁, 청소 등의 집안일을 처리할 수 있습니다.

로봇이 지금보다 더 많아지면 어떤 좋은 점과 나쁜 점이 있나요?

교과연계
5학년 실과 (교학사) '일과 직업 탐색' 단원, (동아) '나의 발견과 나의 미래' 단원, (금성) '나와 직업' 단원, (미래엔) '나의 진로' 단원
6학년 실과 (교학사, 금성, 동아, 미래엔) '발명과 로봇' 단원

과학 기술이 발달하면서 과거에 비해 로봇의 수가 증가하고 종류는 다양해지고 있습니다. 로봇이 많아지면 어떤 좋은 점이 있을까요? 로봇은 사람과 비교했을 때 사람보다 더 오랜 시간 동안 계속 일을 할 수 있습니다. 또는 짧은 시간에 많은 일을 할 수 있고, 우주나 원자로처럼 위험한 곳에서 사람을 대신하여 임무를 수행할 수 있습니다. 또한 인간의 신체적 한계를 극복할 수 있도록 도와주기도 합니다. 따라서 로봇이 늘어날수록 사람들은 더 편하고 안전한 삶을 누릴 수 있습니다. 로봇이 사람 대신 일을 하게 되면, 일자리가 많이 줄어들 것입니다. 장기적으로 보았을 때 사람을 고용하는 것보다는 로봇을 쓰는 것이 돈이 적게 들기 때문입니다.

인간 대신 공장에서 힘든 일을 하는 로봇

자동차 생산 라인에서 일하고 있는 로봇

도라
자율 주행이 가능한 가정 배달 로봇입니다. 스웨덴 스톡홀름에서 시범 운행 중입니다. 배달 로봇이 늘어날수록 사업체는 임금을 줄일 수 있지만 배달일로 돈을 버는 사람들은 그만큼 일자리를 잃게 될 것입니다.

우편물 배달 로봇

자율 주행이 가능한 우편물 배달 로봇입니다. 우리나라 우정사업본부에서 시행하고 있는 비대면 우편 서비스입니다. 집배원이 앞장서 이동하면 우편물 배달 로봇이 집배원의 옷을 인식하고 따라갑니다. 무거운 우편물을 운반하기 때문에 집배원의 피로도를 낮춰 줍니다.

지델

화장실 변기용 청소 로봇입니다. 설치 및 조작이 간편하며 변기 의 내부, 테두리, 상부 등을 체계적으로 청소합니다. 항균 플라스틱 몸체를 갖고 있습니다. 미국에서 판매되고 있습니다.

제2장

우리 생활과 **함께**하는 **로봇!**

청소하는 로봇이 있나요?

교과 연계 6학년 실과 (교학사, 금성, 동아, 미래엔) '발명과 로봇' 단원

청소는 시간과 노력을 들여 주변을 위생적, 능률적으로 생활할 수 있도록 정돈하는 일입니다. 현재 청소를 도와주는 로봇 청소기가 가정에 널리 보급되어 있습니다. 로봇 청소기는 방 구석구석을 돌아다니며 바닥에 있는 먼지를 빨아들입니다. 물걸레를 장착하면 물을 이용해 바닥을 닦기도 합니다. 감지 센서로 장애물을 피하고, 먼지가 통에 가득 차면 사람에게 알려주는 기능도 있습니다.

우리가 일반적으로 볼 수 있는 로봇 청소기 외에도 특정한 공간을 청소해 줄 수 있는 로봇이 있습니다. 창문 청소 로봇은 창문에 붙어서 사람의 손이 잘 닿지 않는 곳까지 안전하게 청소해 줍니다. 어항 청소 로봇은 어항에 이끼나 물때가 끼지 않도록 닦아 주며, 수영장 청소 로봇은 수영장 위에 뜬 낙엽이나 벌레를 빨아들입니다.

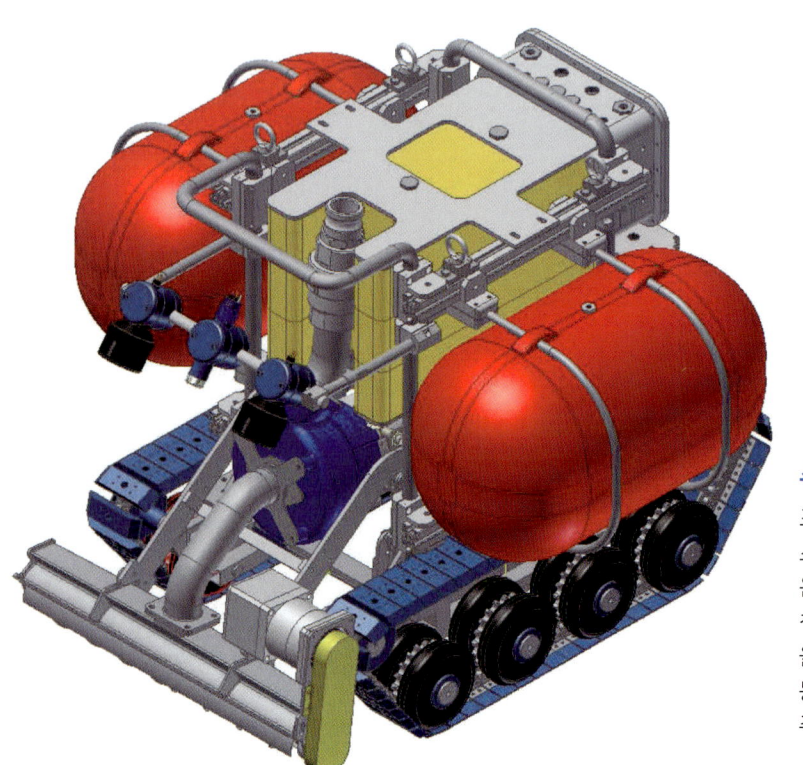

수중 청소 로봇
포항지능로봇연구소가 개발한 수중 청소 로봇입니다. 사람이 청소하기 어려운 작업 환경 내에서의 수중 퇴적물을 청소할 수 있습니다. 초대형 수조의 물을 빼지 않고도 작업이 가능합니다. 그 동안 100명이 한 달 걸리던 작업을 일주일 이내로 줄일 수 있습니다.

수영장 청소 로봇

수영장 물 위에 떠 있는 낙엽, 죽은 벌레, 각종 쓰레기들을 빨아들이며 청소를 합니다. 수영장을 갖고 있는 사람들에게 인기가 많습니다.

창문 청소 로봇

진공 흡착 방식으로 창문에 달라붙어, 물을 분사하며 창문을 닦는 로봇입니다. 사람의 손이 잘 닿지 않는 창문의 바깥쪽을 청소할 때 무척 유용하게 쓸 수 있습니다.

공항 청소 로봇

우리나라 LG전자에서 만든 청소 로봇입니다. 로봇 아래 양쪽에 있는 커다란 청소솔로 바닥의 먼지를 제거합니다. 로봇 전면에 있는 카메라와 몸체에 있는 센서로 공간과 장애물을 인식하고 피합니다. 콧노래를 흥얼거리며 청소를 하고, 지나가는 사람에게 인사를 건네기도 합니다.

로봇 청소기

먼지를 빨아들이며 집 안을 청소합니다. 센서를 통해 장애물을 피할 수 있으며, 브러시를 통해 구석에 있는 먼지까지도 빨아들입니다.

요리하는 로봇이 있나요?

교과 연계 5학년 영어 (천재) 5단원 'I'd like Fried Rice' 6학년 실과 (교학사, 금성, 동아, 미래엔) '발명과 로봇' 단원

최근 요리를 할 수 있는 로봇이 개발되어 우리나라에서는 치킨을 만드는 로봇이, 일본에서는 소바를 만드는 로봇이 활약하고 있습니다. 사람 대신 로봇이 요리를 해 준다면 어떤 점이 좋을까요?

첫째, 일정하게 맛을 낼 수 있습니다. 사람이 요리를 할 때는 같은 요리를 하더라도 재료의 양이나 불의 세기에 따라 요리의 맛이 달라질 수 있습니다. 하지만 로봇은 정해진 양만큼의 재료를 사용하고 조리 시간도 일정하기 때문에 매번 같은 맛을 낼 수 있습니다.

둘째, 안전하게 조리할 수 있습니다. 로봇은 칼에 베이거나 뜨거운 음식물에 화상을 입을 일이 없습니다.

셋째, 다양한 요리를 할 수 있습니다. 조리 방법이 저장되어 있기만 하다면, 유명한 요리사들이 만든 음식과 똑같은 맛을 낼 수 있습니다.

요리하는 로봇이 가정에 널리 사용된다면 사람들은 언제 어디서나 원하는 요리를 편하게 즐길 수 있을 것입니다.

요리 로봇
'대한민국 식품대전'의 미래 식품관에서 요리 로봇이 재료를 썰어 요리를 하고 있습니다.

치킨을 튀기는 로봇
우리나라에 로봇을 이용해 치킨을 만드는 곳이 점차 많아지고 있습니다. 이 로봇은 치킨을 안전하고, 신속하게 튀길 수 있습니다.

소바 로봇
일본 사람들이 즐겨 먹는 소바(메밀로 만든 면 음식)를 만드는 로봇입니다. 면을 뜨거운 물에 삶는 역할을 하며, 한 시간에 150그릇까지 만들 수 있습니다. 일본의 한 소바 가게에서 활약하고 있습니다.

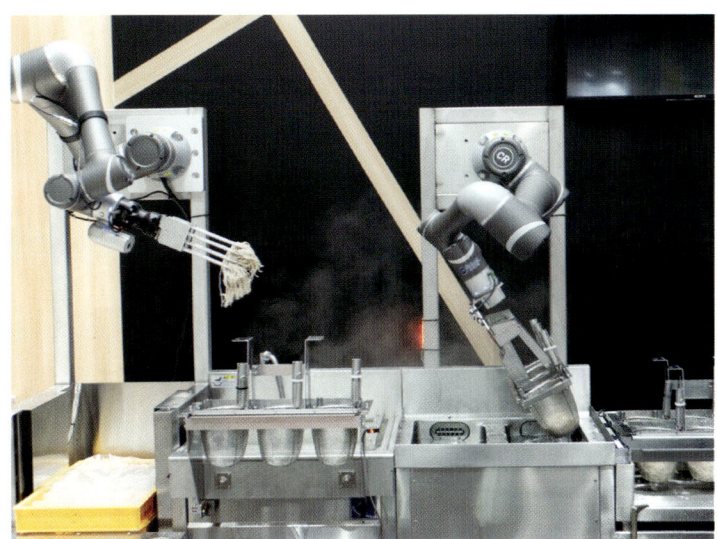

삼성 봇셰프
우리나라 삼성이 개발한 요리하는 로봇 팔 셰프입니다. 식자재를 잡아 씻고, 자르고, 양념을 넣을 수 있습니다. 음성 인식이 가능하여 사람의 말로 작동을 시킬 수 있습니다.

요리 로봇 유미
노르웨이에서 개발한 요리 로봇 유미가 요리를 하고 있는 모습입니다.

정원을 가꿔 주는 로봇이 있나요?

교과 연계 6학년 실과 (교학사, 금성, 동아, 미래엔) '발명과 로봇' 단원

정원을 가꾸기 위해서는 잡초가 자라지 않도록 해야 하고, 해충을 막아야 하며, 물도 적당히 뿌려 주어야 합니다. 이러한 정원 관리를 이제 사람이 아닌 로봇이 대신할 수 있습니다. 잔디 깎기 로봇은 센서를 이용해 장애물을 피하고, 잔디를 일정한 높이에 맞추어 깎습니다. 살충제를 뿌려 해충을 막는 로봇, 잡초 제거하는 로봇은 외국에서 인기리에 판매되고 있습니다. 또한, 나무를 손질하고 가지치기를 할 수 있는 로봇도 곧 출시될 예정입니다. 트림봇으로 불릴 이 로봇은 유럽 내 8개 기관이 협력하여 만든 정원 관리 로봇으로, 자율 주행 기술과 인공 지능 기술을 이용해 나무를 손질하고, 가지를 깎을 수 있습니다. 지금은 임무 수행 속도가 느리지만 점차 개선해서 상용화할 예정입니다.

잔디 깎는 로봇
잔디 깎는 로봇은 정원에 풀이나 흙이 젖어 있더라도 일을 할 수 있기 때문에 날씨의 영향을 크게 받지 않습니다. 경사진 곳도 오르내릴 수 있습니다.

야드로이드

잔디를 깎고, 정원에 물을 주는 것이 가능한 로봇입니다. 게다가 해충을 죽일 수 있는 살충제 살포 기능도 갖추고 있습니다. 스스로 물을 채울 수 있고, 머리 부분에는 나뭇잎을 날릴 수 있는 송풍기도 붙어 있습니다. 조만간 출시될 예정입니다.

터틸

미국에서 개발한 잡초 제거 로봇입니다. 크기가 작은 식물을 잡초로 인식해서 제거합니다. 따라서 작은 식물을 심었을 때에는 보호 가드를 만들어 주고 작동시켜야 합니다.

식물이 자라는 것을 도와주는 로봇이 있나요?

교과연계 4-1 과학 3단원 '식물의 한살이' 4-2 과학 1단원 '식물의 생활' 5학년 실과 (교학사) '생명 기술 시스템과 동식물' 단원, (동아) '식물과 동물' 단원, (금성) '동식물과 우리 생활' 단원, (미래엔) '생활과 동식물' 단원 6학년 실과 (교학사, 금성, 동아, 미래엔) '발명과 로봇' 단원 6학년 실과 (교학사, 금성) '지속 가능한 미래 농업' 단원, (동아) '생활 속 친환경 농업' 단원, (미래엔) '친환경 농업과 미래' 단원

식물을 기르기 위해서는 어떤 요소가 필요할까요? 식물에 따라 차이가 있지만 대체적으로 햇빛, 물, 영양분, 흙을 필요로 합니다. 로봇은 식물마다 필요한 요소를 고려하여 상황에 따라 적합하게 관리해 줄 수 있습니다.

현재 일부 농촌에서는 잡초 제거 로봇, 살충제 뿌리는 로봇을 사용하고 있습니다. 사람이 직접 식물을 재배하는 것보다 로봇이 관리할 때 더 체계적으로 식물을 관리할 수 있습니다. 대규모로 농사를 지을 때 로봇의 장점이 빛을 발합니다. 미래에는 농촌뿐만 아니라 가정에서도 식물 기르는 로봇이 보편적으로 사용될 것입니다. 로봇이 식물의 상태를 고려해 일조량과 물을 관리해 준다면 사람들은 편하게 식물을 기를 수 있을 것입니다.

아이언 옥스 로봇 농장
미국의 '아이언 옥스'에서 만든 로봇 농장은 사람이 필요하지 않습니다. 화분을 옮기는 로봇 팔, 식물을 운반하는 로봇, 인공 지능 소프트웨어 등을 이용해 식물을 수경 재배하고 있기 때문이지요. 일반적으로 사람이 농사를 짓는 것보다 물을 90% 정도 적게 사용합니다. 미국에서 운영하는 농장을 점차 확대해 나가고 있습니다.

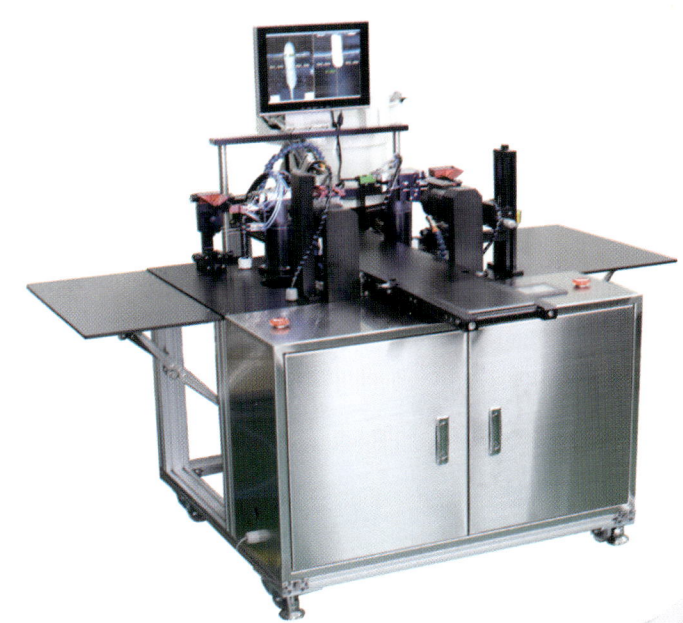

초정밀 접목 로봇
농작물이나 나무를 번식시킬 때 뿌리가 있는 어린 식물 두 개를 서로 붙이는 것을 접목이라고 합니다. 이렇게 하면 식물을 더 튼튼하게 잘 기를 수 있지요. 우리나라에서는 로봇을 이용하여 접목을 하는 곳이 점차 많아지고 있습니다.

헥사
식물을 화분에 담은 상태에서 6개의 다리로 이동할 수 있는 로봇입니다. 머리 위에 있는 식물에게 햇빛이 필요하다고 판단되면 빛이 있는 곳으로 이동하고, 햇빛을 너무 많이 받는다고 판단되면 그늘을 찾아갑니다. 물이 필요할 경우에는 사람을 찾아가기도 합니다. 중국에서 개발했으며 더 많은 테스트를 거친 뒤 출시될 예정입니다.

타이탄 FT35
미국의 '팜와이즈'에서 만든 로봇입니다. 타이탄 FT35는 센서를 이용해 자동으로 잡초를 인식하고 살충제를 뿌립니다. 자율 주행도 가능합니다. 회사에서는 농부들에게 로봇을 직접 판매하는 대신 농사 지원 서비스를 제공합니다. 바로 1,200평당 소정 비용을 받고 타이탄 FT35가 밭을 검사하고 제초를 해 주는 방식입니다.

대화를 나눌 수 있는 로봇이 있나요?

교과연계 5-1 국어 1단원 '대화와 공감' 5-2 국어 1단원 '마음을 나누며 대화해요'
6학년 실과 (교학사, 금성, 동아, 미래엔) '발명과 로봇' 단원

여러분들은 하루 중에 누구와 가장 많은 대화를 나누나요? 우리는 일상을 함께 공유하는 가족이나 친구와 가장 많이 대화하며 살아갑니다. 사람은 사회적 동물이라서 타인과 소통을 함으로써 자신의 존재를 확인하기 때문입니다. 미래에는 타인이라는 범주에 로봇도 포함될 것입니다. 그러면 자연스레 로봇과의 대화가 늘어나겠지요.

현재 개발된 로봇은 카메라로 사람의 얼굴을 인식해 감정을 파악하고 간단한 의사소통이 가능합니다. 기술이 더 발달하면 로봇과 대화를 나눌 때 진짜 사람과 대화를 나누는 것처럼 깊은 이야기를 나눌 수도 있을 것입니다.

목시
어린이 정서 발달을 위해 개발된 정서 돌봄 로봇입니다. 사용자의 말, 표정 등을 이해하고 의사소통을 할 수 있습니다. 목시는 호흡법과 명상법을 알려 주며 아이가 스스로 감정 조절을 할 수 있도록 도와주기도 합니다. 미국에서 판매되고 있습니다.

요요

우리나라에서 만든 휴머노이드 로봇입니다. 대화 속에 포함된 감정을 이해하며 사용자와 이야기를 나눌 수 있습니다. 춤을 추는 기능도 있습니다. 수수께끼, 끝말잇기, 구구단 게임 등을 할 수 있고, 동요를 들려줄 수도 있습니다.

버디

프랑스에서 개발한 로봇입니다. 얼굴 인식 기능으로 가족의 얼굴을 기억하고 간단한 대화를 나눌 수 있습니다. 가족 구성원 특성에 맞는 정보를 제공할 수 있습니다. 예를 들어 어른에게는 요리 방법을, 어린이에게는 교육 게임을, 노인에게는 약 먹는 시간을 알려 줍니다.

반려 로봇이 있나요?

교과 연계 3-2 과학 2단원 '동물의 생활' 5학년 실과 (교학사) '생명 기술 시스템과 동식물' 단원, (동아) '식물과 동물' 단원 (금성) '동식물과 우리 생활' 단원, (미래엔) '생활과 동식물' 단원 6학년 실과 (교학사, 금성, 동아, 미래엔) '발명과 로봇' 단원

사람들은 정서적으로 안정감을 취하고 즐거움을 얻기 위해 반려동물을 기릅니다. 그런데 반려동물은 병에 걸릴 위험이 있고, 노쇠하거나 다칠 수도 있습니다. 주인이 먼 곳으로 장기간 여행을 떠날 때에는 데려가야 하거나, 다른 사람에게 맡겨야 하는 불편함이 있습니다.
반려 로봇은 반려동물을 기를 때 발생할 수 있는 이러한 어려움을 줄여 줄 수 있습니다. 우선 식사를 챙겨 주거나, 변을 처리하지 않아도 되기 때문에 관리하기가 편합니다. 또한 병들거나 죽을 염려도 없습니다. 반려 로봇은 심리적 안정감을 유지해 줄 뿐만 아니라, 관리하기도 쉽습니다. 그래서 앞으로 반려 로봇을 기르는 가정이 늘어날 것입니다.

칩
강아지 모습의 로봇입니다. 스마트 볼을 가져올 수 있으며, 앞다리를 들고 춤을 추기도 합니다. 주인과 코를 맞대고 비빌 수도 있습니다. 어린아이들에게 무척 인기가 높습니다.

조이포올
실제 고양이와 비슷하게 생긴 로봇 고양이입니다. 주인의 움직임에 따라 반응하며 상호 작용합니다. 주인이 잃어버린 물건을 찾아주고 중요한 일을 알려 주기도 합니다. 주인 대신 전화를 걸어 주기도 하지요. 1인 가구의 현대인들이나 혼자 사는 노인들을 위해 미국의 완구업체에서 개발하였습니다.

조이포올과 노인
혼자 사는 노인이 반려 로봇 조이포올을 안고 따뜻한 눈길로 말을 하고 있습니다.

마스캣
중국에서 만든 고양이 로봇입니다. 진짜 고양이처럼 장난감 갖고 놀기, 집안 돌아다니기, 잠자기 등을 할 수 있습니다. 주인과의 상호 작용을 통해 자신만의 성격을 만들어 나갑니다.

아이보
일본에서 개발하고 판매하는 강아지 로봇입니다. 실제 강아지처럼 몸 뒤집기와 손 내밀기를 할 수 있습니다. 심지어 주인이 집에 오는 시간에 맞춰 현관 앞에서 기다리는 행동도 가능합니다.

반려동물과 놀아주는 로봇이 있나요?

교과 연계
5학년 실과 (교학사) '생명 기술 시스템과 동식물' 단원, (동아) '식물과 동물' 단원, (금성) '동식물과 우리 생활' 단원, (미래엔) '생활과 동식물' 단원
6학년 실과 (교학사, 금성, 동아, 미래엔) '발명과 로봇' 단원

반려동물들에게 먹이를 챙겨 주고 놀아 주는 로봇을
보통 '펫 시터 로봇'이라고 부릅니다.
펫 시터 로봇은 여러 가지 방식으로 움직이면서 반려동물과 놀아 줍니다.
주인은 집에서 멀리 떨어져 있더라도 로봇에 탑재된 카메라를 통해
반려동물의 상태를 확인할 수 있습니다.
최근에는 간식과 사료를 챙겨 줄 뿐만 아니라 동물의 활동량을
측정하여 건강 상태를 관리해 주기도 합니다. 또한 반려동물이
안정감을 찾을 수 있도록 주인의 목소리를 전달할 수도 있습니다.
앞으로 반려동물을 기르는 가정에서 펫 시터 로봇은
필수적인 친구로 자리매김할 것입니다.

에보

카메라를 이용해 반려동물의 상태를 확인할 수 있는 로봇입니다. 에보는 스피커를 통해 주인의 목소리를 전달하고, 레이저 포인터를 활용해 반려동물과 놀아 줍니다. 자율 주행이 가능하며, 반려동물의 움직임을 인식해 활동량을 측정할 수 있습니다. 반려 로봇으로 변신하는 자율 모드 기능도 가지고 있습니다.

펫 피트니스 로봇

강아지와 놀아 주는 로봇입니다. 강아지의 성격과 행동 습관에 따라 움직임이 달라집니다. 간식이나 사료를 보관하고 있다가 정해진 시간에 맞추어 반려동물에게 줍니다. 우리나라에서 인기가 많습니다.

아이 펫

중국의 '도그니스' 회사에서 만든 로봇입니다. 자유자재로 움직이면서 반려동물과 놀아 줄 수 있습니다. 또한 반려동물의 상태를 영상으로 촬영하여 주인에게 전송하는 기능을 갖추고 있습니다.

록키

반려동물과 놀아 주는 로봇입니다. 간식과 먹이를 정해진 시간에 맞추어 반려동물에게 줍니다. 주인은 로봇의 카메라를 이용해 어두운 밤에도 반려동물의 상태를 확인할 수 있습니다.

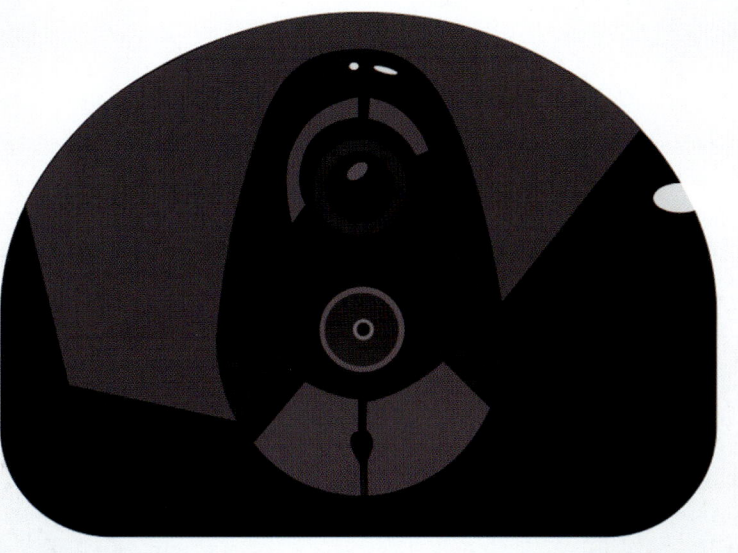

공부를 도와주는 로봇이 있나요?

교과 연계 6학년 실과 (교학사, 금성, 동아, 미래엔) '발명과 로봇' 단원

여러분은 공부를 할 때 누군가 도와주면 좋겠다고 생각한 적이 있나요? 머지않아 로봇이 여러분의 공부를 도와줄 수 있는 세상이 올 것입니다. 현재 활용되고 있는 로봇은 책을 읽어 주고, 영어를 가르칠 수 있습니다. 기초적인 코딩 공부를 도와주기도 하지요. 음성 인식을 통해 궁금한 것을 물어보면 답변도 가능합니다.

미래에 교육용 로봇이 더 발전하게 된다면 학원에 갈 필요가 없을 것입니다. 로봇이 학생의 수준과 특성에 맞는 흥미로운 자료를 제공해 줄 것이기 때문이지요. 또한 공부해야 하는 시간을 알려 주고, 올바른 학습 습관을 점검해 주면서 공부에 집중할 수 있는 학습 환경을 마련해 줄 것입니다.

뮤지오

영어를 가르치는 교육용 로봇입니다. 학생의 수준과 교육 목적에 따라 가르칠 내용을 정할 수 있습니다. 현재 우리나라 일부 학교에서 사용되고 있습니다.

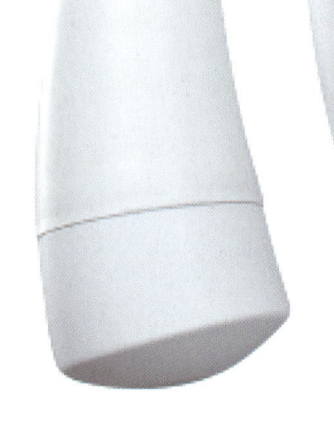

루카

책 읽어 주는 로봇입니다. 책을 펼치면 그 부분을 센서로 인식해서 읽어 줍니다. 영어 그림책도 읽을 수 있으며, 아이가 몇 시간 동안 몇 권의 책을 읽었는지 알려 줍니다. 부모님을 대신해 양치 시간과 식사 시간을 아이에게 알려 줄 수도 있습니다. 우리나라에서도 인기리에 판매되고 있습니다.

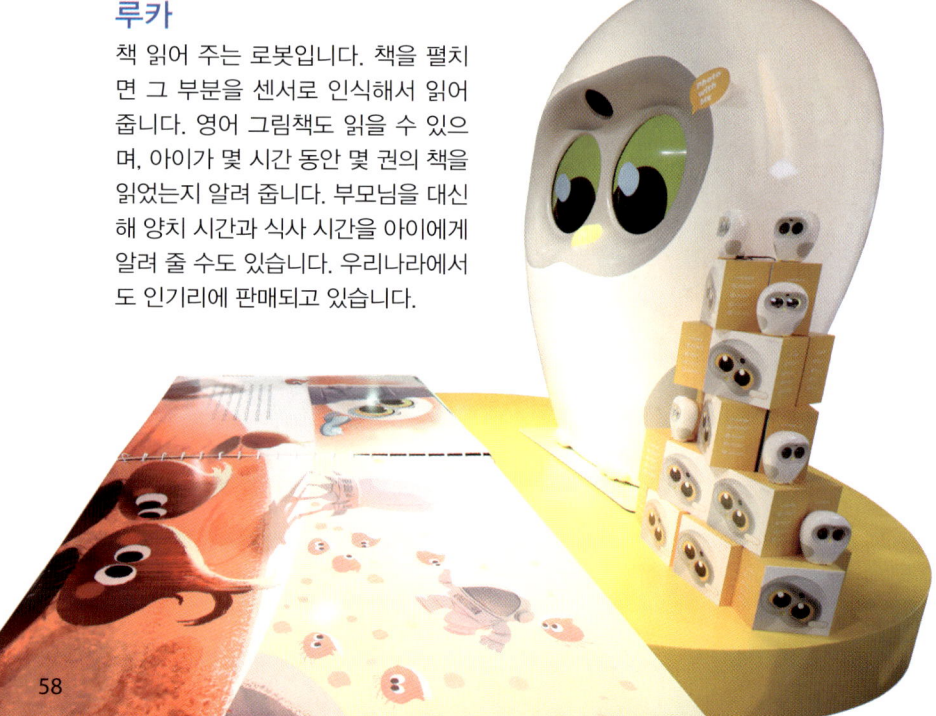

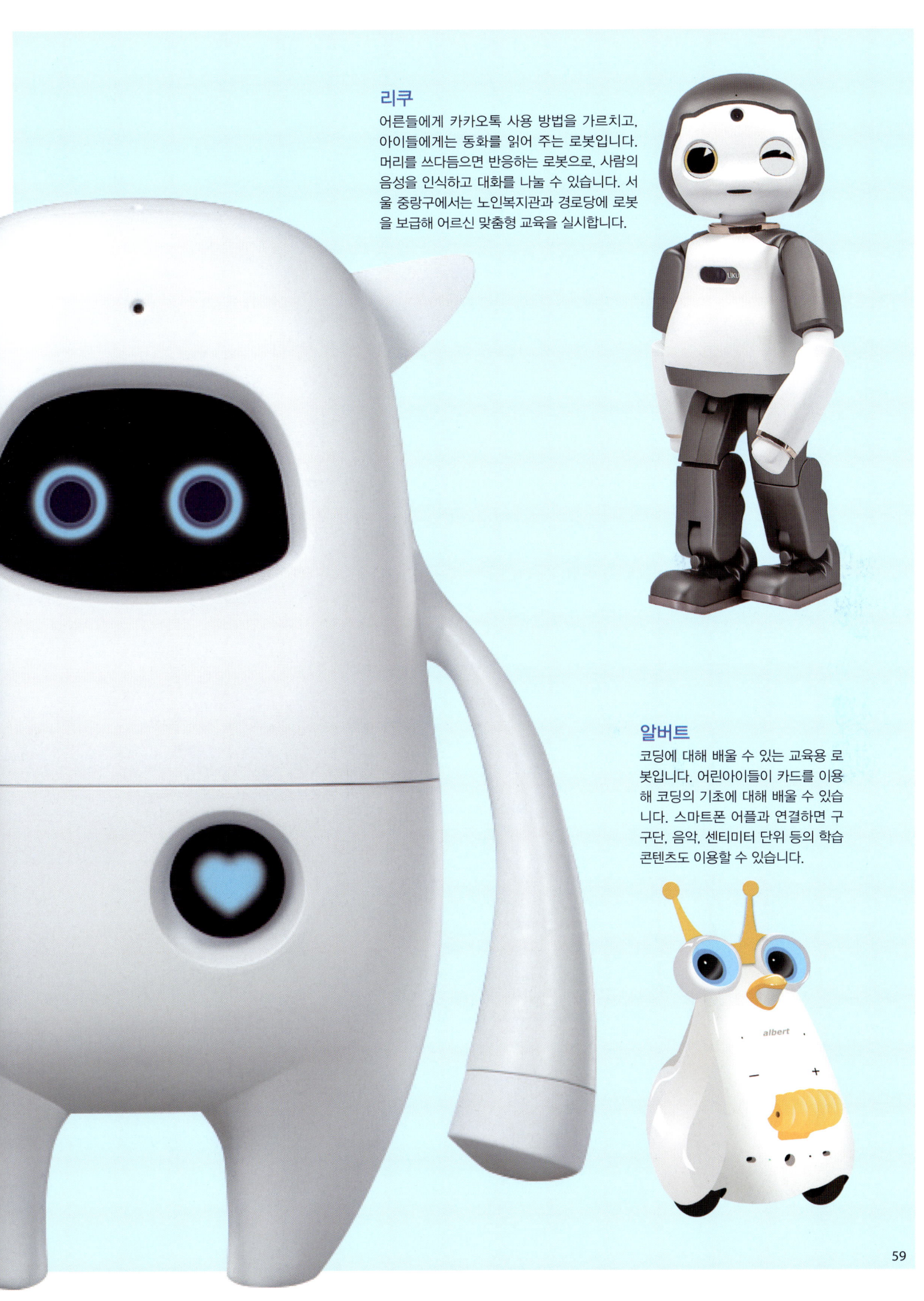

리쿠

어른들에게 카카오톡 사용 방법을 가르치고, 아이들에게는 동화를 읽어 주는 로봇입니다. 머리를 쓰다듬으면 반응하는 로봇으로, 사람의 음성을 인식하고 대화를 나눌 수 있습니다. 서울 중랑구에서는 노인복지관과 경로당에 로봇을 보급해 어르신 맞춤형 교육을 실시합니다.

알버트

코딩에 대해 배울 수 있는 교육용 로봇입니다. 어린아이들이 카드를 이용해 코딩의 기초에 대해 배울 수 있습니다. 스마트폰 어플과 연결하면 구구단, 음악, 센티미터 단위 등의 학습 콘텐츠도 이용할 수 있습니다.

사람의 운전을 도와주는 로봇이 있나요?

교과연계
5학년 실과 (교학사) '수송 기술과 우리 생활' 단원, (동아) '수송과 생활' 단원, (금성) '수송 기술과 안전 관리' 단원, (미래엔) '생활과 수송' 단원
6학년 실과 (교학사, 금성, 동아, 미래엔) '발명과 로봇' 단원

현재 사람의 운전을 도와주는 로봇은 무엇이 있을까요? 사람이 조종하지 않아도 되는 자율 주행 자동차와 주차를 대신해 주는 로봇이 있습니다. 자율 주행 자동차는 운전 부주의로 인한 사고를 현저히 줄일 수 있습니다. 사람들은 직접 운전할 필요가 없기 때문에 목적지까지 이동하는 동안 차 안에서 자신만의 시간을 가질 수 있지요. 주차 로봇을 이용하면 한정된 공간에 자동차를 많이 주차시킬 수 있으며, 주차장 내에서 일어날 수 있는 크고 작은 충돌 사고도 줄일 수 있습니다. 또한 주차된 차가 필요할 때 미리 로봇이 꺼내오도록 명령하면 운전자는 시간도 절약할 수 있습니다.

스탠

프랑스에서 만든 주차 로봇입니다. 자동차 주인이 공항에서 비행기를 탈 때 스탠이 차를 끌고 가서 주차시켜 줍니다. 그리고 사용자가 여행을 마치고 공항에 도착할 시간에 맞추어 자동차를 다시 준비해 줍니다. 프랑스에서 성공적으로 테스트를 거친 후, 런던의 개트윅 공항에서 사용되고 있습니다.

큐브

휴대폰 앱을 통해 호출을 할 수 있는 로봇 택시입니다. 로봇이 자율 주행하기 때문에 운전석이 따로 없습니다. 센서를 통해 장애물을 감지하고 차량·사물 간 통신을 통해 교통신호와 소통을 하여, 스스로 달리고 멈춥니다.

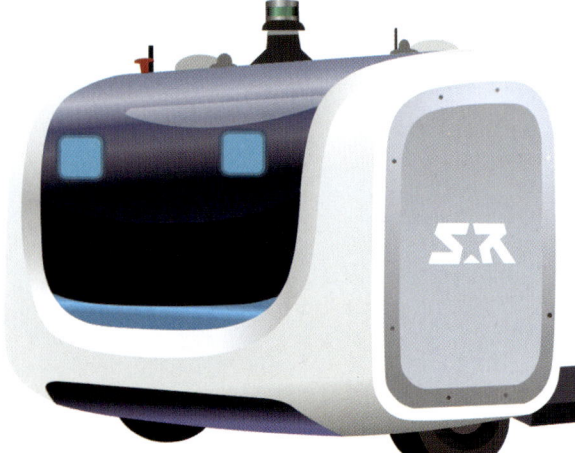

자율 주행 버스

핀란드의 헬싱키 파실라 지역 시내에서 운전자가 없는 자율 주행 버스 운행을 테스트하고 있습니다.

나르카

우리나라에서 개발한 주차 로봇입니다. 주차할 차량을 들어 올려 주차면으로 옮기는 일을 합니다. 나르카를 이용하면 똑같은 크기의 공간이라도 사람이 직접 주차하는 것보다 더 많은 차를 세울 수 있습니다.

나르카가 승용차를 주차면으로 옮기는 모습

짐을 대신 들어 주는 로봇이 있나요?

교과연계 5학년 실과 (교학사) '수송 기술과 우리 생활' 단원, (동아) '수송과 생활' 단원, (금성) '수송 기술과 안전 관리' 단원, (미래엔) '생활과 수송' 단원 6학년 실과 (교학사, 금성, 동아, 미래엔) '발명과 로봇' 단원

우리나라 인천 공항에 짐을 옮기는 로봇이 등장했습니다. 여행을 갈 때는 많은 짐이 필요합니다. 그런데 짐을 갖고 이동하는 것은 여간 불편한 일이 아닙니다. 그래서 인천 공항은 여행자의 짐을 들어 주는 로봇을 도입했습니다. 짐을 대신 들어 주는 로봇은 공항뿐만 아니라 공장에서도 볼 수 있습니다. 무거운 부품과 자재를 옮기거나 완성된 물품을 나르며 힘쓰는 일이 많기 때문이지요. 사람이 들 수 있는 짐의 무게와 양은 제한적이라서 로봇이 도와준다면 일의 효율을 높일 수 있습니다. 앞으로 가정에서도 짐 옮기는 로봇을 쓰는 날이 올 것입니다.

세스토 매그너스
싱가포르에서 짐 옮기는 로봇을 출시했습니다. 최대 300킬로그램의 짐을 올려놓아도 버틸 수 있으며, 장애물을 피할 수 있는 자율 주행 기능을 갖추었습니다. 막다른 길에서 후진도 할 수 있습니다.

에어포터
인천 공항에서 캐리어를 대신 들어 주는 로봇입니다. 한국어, 영어, 일본어, 중국어를 쓸 수 있으며, 화면을 통해 다양한 표정을 보여 줍니다. 사람을 따라서 움직이는 추종 주행 모드를 설정할 수도 있고, 앞장서서 목적지를 안내해 주는 자율 주행 모드도 가능합니다.

의료 폐기물 운송 로봇
의료 폐기물을 운송하는 로봇입니다. 관계자의 몸을 인식하고 따라다니며 폐기물을 옮기는 일을 합니다.

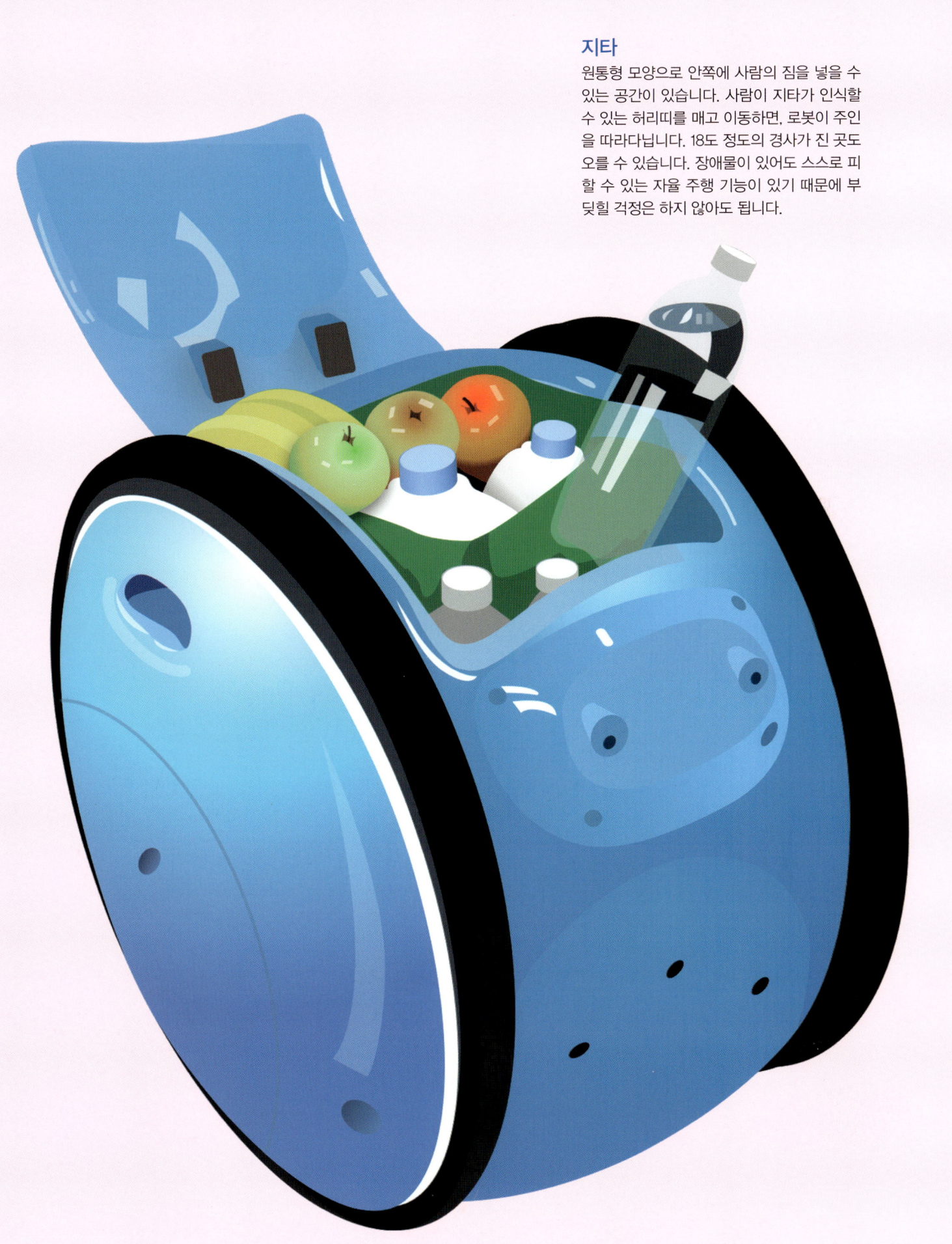

지타
원통형 모양으로 안쪽에 사람의 짐을 넣을 수 있는 공간이 있습니다. 사람이 지타가 인식할 수 있는 허리띠를 매고 이동하면, 로봇이 주인을 따라다닙니다. 18도 정도의 경사가 진 곳도 오를 수 있습니다. 장애물이 있어도 스스로 피할 수 있는 자율 주행 기능이 있기 때문에 부딪힐 걱정은 하지 않아도 됩니다.

춤추고 노래하는 로봇이 있나요?

교과 연계 3~6학년 체육 (교학사, 지학사, YBM, 금성, 동아) '표현' 단원　3~6학년 음악 (미래엔, 지학사, YBM, 금성, 동아, 비상, 천재) 모든 단원
6학년 실과 (교학사, 금성, 동아, 미래엔) '발명과 로봇' 단원

춤과 노래는 사람의 감정, 문화 등이 들어간 예술 활동입니다. 옛날 사람들은 예술 활동이 사람만이 할 수 있는 고유의 능력이라고 생각했습니다. 하지만 최근에 로봇이 예술 분야에도 진출하면서 이러한 생각은 깨지고 있습니다.
예술의 한 분야인 춤과 노래도 마찬가지입니다.
과학자들이 개발한 휴머노이드 로봇은 사람처럼 다양한 동작을 취하며 춤을 춥니다. 저장된 목소리를 이용해 노래를 부르면서 상황에 맞는 표정을 짓기도 합니다.
곧 텔레비전의 음악 프로그램에서 로봇과 사람이 함께 춤을 추고 노래하는 모습을 자연스럽게 볼 수 있는 날이 올 것입니다.

디바봇
노래를 부르고 춤도 출 수 있는 휴머노이드 로봇입니다. 2010년 도쿄 엑스포에서 디바봇은 사람인 백댄서들과 함께 공연을 하기도 했습니다. 무선기기로 전달된 명령에 따라 다양한 표정을 지을 수 있습니다.

씽고
휴머노이드 로봇입니다. 블루투스 스피커가 등에 달려 있습니다. 139가지 이상의 동작을 조합하여 음악에 맞추어 춤을 출 수 있습니다. 우리나라에서도 인기리에 판매되고 있습니다.

댄스봇
흘러나오는 음악에 맞추어 춤을 출 수 있는 로봇입니다. 몸체의 아랫부분에 스피커가 있어서 블루투스 스피커 기능도 함께 갖추고 있습니다. 구매자가 일정 비용을 지불하면 음성 메시지 등을 미리 댄스봇에 입력해 놓은 상태로 구매할 수 있습니다.

찰리
일본의 '야마하'에서 노래를 부르며 사람과 소통하는 로봇을 만들었습니다. 사용자가 로봇과 대화를 많이 할수록 로봇의 노래 실력이 늘어납니다. 찰리는 다양한 음악을 활용할 수 있습니다.

노인을 도와주는 로봇이 있나요?

교과 연계
3~6학년 체육 (교학사, 지학사, YBM, 금성, 동아) '건강' 단원 5-2 국어 1단원 '마음을 나누며 대화해요'
6학년 실과 (교학사, 금성, 동아, 미래엔) '발명과 로봇' 단원

총인구 가운데 만 65세 이상인 노인이 14%를 넘으면 고령 사회라 하고, 20%를 넘으면 초고령 사회라고 합니다. 우리나라는 이미 고령 사회이고, 노인 인구가 많아지며 초고령 사회가 되고 있습니다. 이렇게 노인 인구가 늘어남에 따라 혼자 살고 있는 노인도 늘어나고 있습니다.
세계 여러 나라에서는 혼자 살고 있는 노인을 돕기 위해 여러 로봇을 도입하고 있습니다. 우리나라에서는 '효돌'이라는 로봇이, 외국에서는 '파로'라는 로봇이 노인과 간단한 상호 작용을 하며 심리적 안정감을 주고 있습니다.
이 외에도 약을 챙겨 주는 로봇과 화장실 이용을 도와주는 로봇이 활약하며 노인 관련 문제 해결에 도움을 주고 있습니다.

다솜이
노인 돌봄 로봇입니다. 탁상형으로 로봇 상단을 터치하면 약 복용 시간, 식사 시간 등을 음성으로 알려 줍니다. 노인들의 치매 예방을 위해 게임, 퀴즈 놀이 등을 제공하고 성경이나 불경도 읽어 줍니다. 응급 상황이 발생하면 다솜이 응급콜로 보호자에게 응급 상황을 알려 줍니다.

파로
바다표범 형태를 갖춘 로봇입니다. 노인들의 심리적 안정을 위해 개발되었습니다. 센서를 통해 반응하고 주인에게 애교를 부릴 수 있습니다. 낮에는 활동적이고, 밤에는 잠을 잡니다. 세계 곳곳에서 사용되고 있습니다.

부모 사랑 효돌
우리나라에서 사용되고 있는 로봇입니다. 약 복용 시간을 알려 주고, 기상, 식사, 산책, 체조, 노래 부르기, 퀴즈 내기, 건강 관리해 주기, 대화 나누기 기능 등을 통해 노인들의 치매와 우울증을 예방해 줍니다.

마이봄

우리나라에서 개발한 로봇입니다. 치매에 걸린 노인들을 돕기 위해 약 복용 시간과 약속 시간을 알려 줍니다. 사용자의 성격에 맞추어서 반응할 수 있고, 응급 상황에 대처할 수도 있습니다. 곧 상용화될 예정입니다.

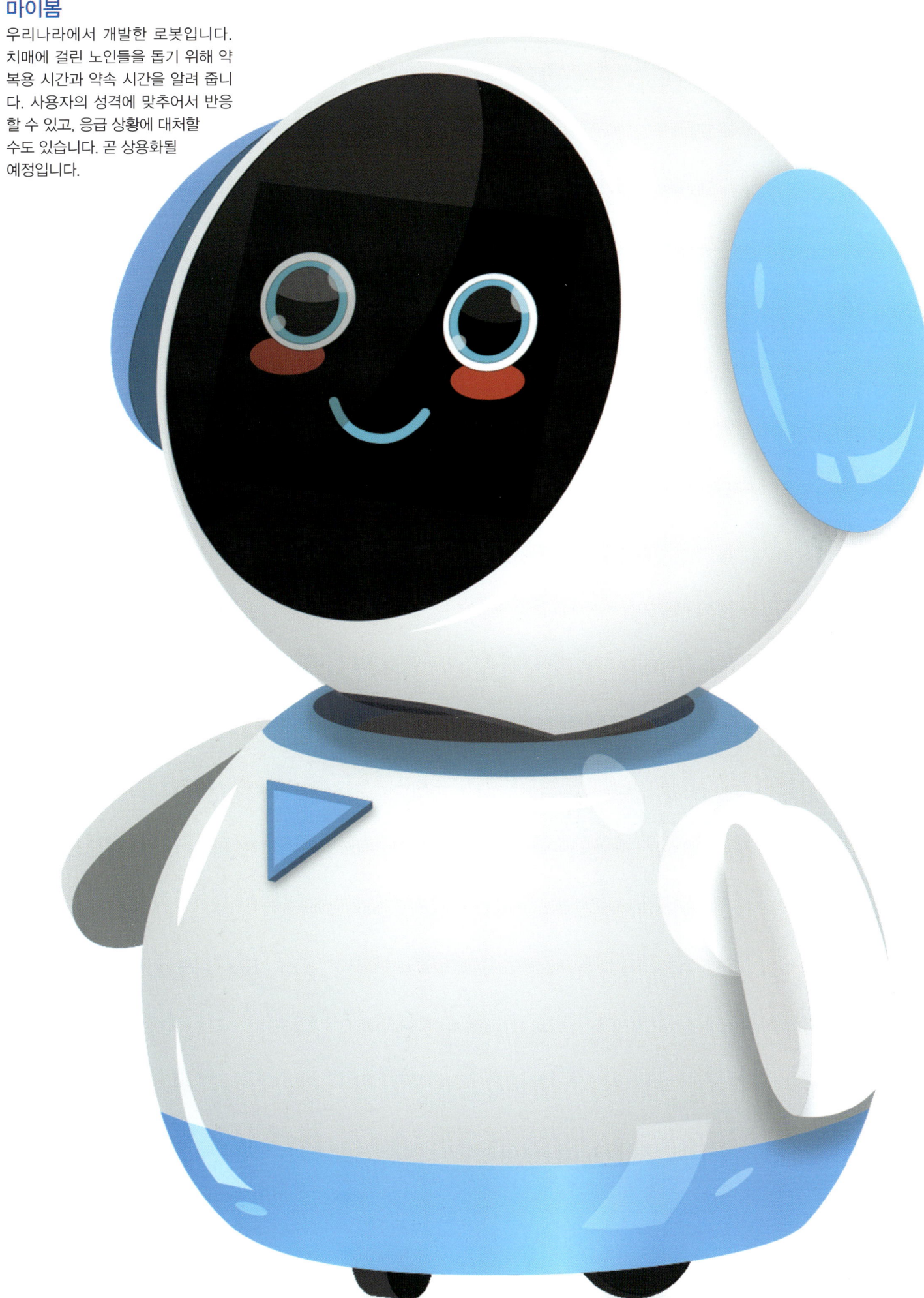

건강을 관리해 주는 로봇이 있나요?

교과 연계
3~6학년 체육 (교학사, 지학사, YBM, 금성, 동아) '건강' 단원　5-2 국어 1단원 '마음을 나누며 대화해요' 단원
6학년 실과 (교학사, 금성, 동아, 미래엔) '발명과 로봇' 단원

건강은 우리 삶에 가장 중요한 요소 중 하나입니다. 사람들은 건강을 유지하기 위해 약을 챙겨 먹기도 하고, 운동을 열심히 하기도 합니다. 그런데 이러한 개인의 건강을 관리해 주는 로봇이 있다는 것을 들어 본 적이 있나요?
'필로'라는 로봇은 사용자에게 필요한 약을 보관하고 있다가 정해진 시간에 알람을 울리며 약을 먹도록 도와줍니다. 또한 건강과 관련된 정보도 제공하지요.
'피트바이저', '로보짐'과 같은 로봇은 사람이 운동을 할 때 몸에 무리가 가지 않도록 적당한 양의 운동 거리를 제공합니다. 그래서 운동하는 사람이 최적의 운동 효과를 거둘 수 있도록 도와 줍니다.

필로
사용자가 먹어야 할 약을 보관하고 있다가 정해진 시간에 맞추어 건네주는 로봇입니다. 건강이나 질병과 관련된 정보를 물으면 답변을 해 주고, 그에 맞는 처방까지 관리해 줍니다. 간병인이나 환자들과 목소리로 소통을 할 수 있습니다. 미국에서 판매되고 있습니다.

로보짐

운동 트레이너 역할을 하는 로봇입니다. 사용자의 힘을 측정할 수 있으며, 몸에 무리가 가지 않도록 도와줍니다. 다리 운동과 노 젓기 운동을 제공합니다. 곧 판매될 예정입니다.

피트바이저

운동할 때 부상을 입지 않도록 무게를 조정해 주는 로봇입니다. 운동하는 사람이 칼로리를 얼마나 소모했는지, 어느 신체 부위가 운동이 되었는지 알려 줍니다. 우리나라 헬스장에서 사용하고 있습니다.

엘마

말 타는 것과 비슷한 느낌이 드는 로봇입니다. 사용자가 핸들을 잡으면 혈압, 맥박, 체지방, 체온, 몸무게 등을 자동으로 측정하여 이에 맞는 운동을 제공합니다. 이와 비슷한 로봇들이 스크린 승마장에서 활용되고 있습니다.

걷지 못하는 사람을 도와주는 로봇이 있나요?

교과 연계 6학년 실과 (교학사, 금성, 동아, 미래엔) '발명과 로봇' 단원

사람은 불의의 사고를 당해 몸을 다치거나 이동이 불편해질 수 있습니다. 이럴 때 로봇의 도움을 받으면 불편함을 덜 수 있습니다.
걷는 것을 훈련시켜 주는 로봇은 환자들이 걸을 때 옆에서 보조해 주는 역할을 합니다. 또한 건강 상태에 알맞은 체계적인 걷기 훈련도 제공합니다.
현재 우리나라 병원에서 재활 환자에게 많이 활용하고 있는 로봇으로 '슈바'가 있습니다. 환자의 양쪽 다리에 로봇 외골격을 입고 로봇의 힘을 빌려 걷는 형식입니다. 환자가 걸을 때 느끼는 통증을 줄여 주고, 더 긴 거리를 걸을 수 있도록 도와줍니다. 다리를 전혀 못 쓰는 장애인은 휠체어가 필요합니다. 자율 주행이 가능한 로봇 휠체어는 스스로 장애물을 피할 수 있기 때문에 사용자가 편하게 이동할 수 있습니다.

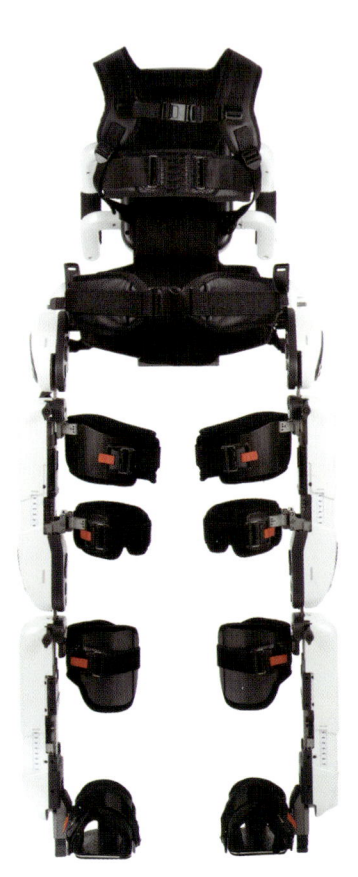

엔젤레그스
우리나라 '엔젤로보틱스'와 'KAIST EXO 연구실', '세브란스 재활병원'이 공동 개발한 보행 재활 치료를 도와주는 입는 로봇입니다. 우리나라 10개 병원에서 실제로 재활 치료에 활용 중이며, 지금도 수많은 환자들이 빠르게 치료를 받고 일상생활로 돌아갈 수 있도록 도와주고 있습니다.

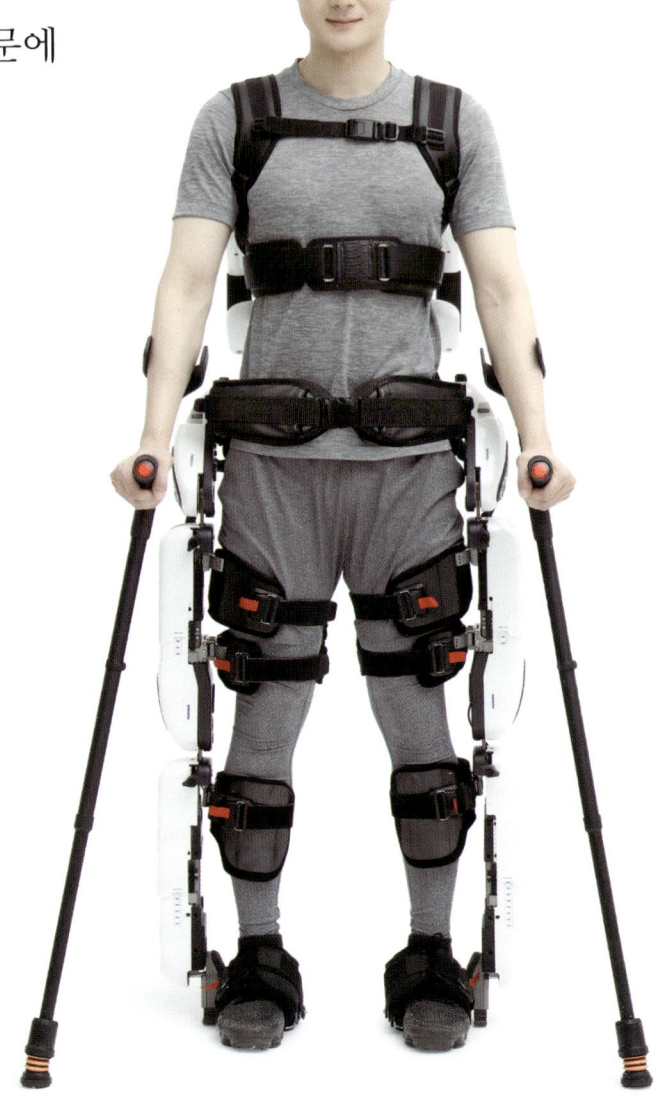

워크온슈트 4

우리나라 '엔젤로보틱스'와 'KAIST EXO 연구실'이 공동 개발한 입는 로봇입니다. 다리를 움직일 수 없는 사람이 비장애인과 동일한 속도로 걸을 수 있도록 도와주며, 계단 오르내리기, 경사로 걷기 등 여러 움직임을 가능하게 해 줍니다. 장애인 사이보그 올림픽인 사이배슬론 2020 세계 대회에서 1등을 차지한 세계 최고의 입는 로봇입니다.

이에이엠(EAM)

우리나라 '엑소아틀레트아시아'에서 개발한 입는 로봇입니다. 다리를 움직이지 못하는 사람이 걷도록 돕습니다. 환자가 균형을 잡을 수 있도록 보조해 주기도 합니다. 로봇을 사용하는 사람의 신체적 특성에 맞게끔 허벅지 길이, 종아리 길이, 발 크기 등이 조절 가능합니다. 재활에 신경 쓰는 많은 사람들이 이용하고 있습니다.

피모

일본 '파나소닉'에서 만든 자율 주행 휠체어 로봇입니다. 주변에 장애물이 있으면 피하거나 멈추는 기능이 있습니다. 앞으로 공항, 병원, 요양 시설 등에서 활용될 예정입니다.

씻는 것을 도와주는 로봇이 있나요?

교과연계 3~6학년 체육 (교학사, 지학사, YBM, 금성, 동아) '건강' 단원 6학년 실과 (교학사, 금성, 동아, 미래엔) '발명과 로봇' 단원

우리가 건강을 관리하고 질병을 예방하려면 몸을 항상 청결하게 유지해야 합니다. 그래서 매일 이를 닦고 샤워를 하지요. 이러한 과정이 귀찮고 번거롭게 느껴질 수도 있지만 건강한 삶을 위해서는 필수적으로 해야 합니다.
씻는 것을 도와주는 로봇이 있다면 한결 편하게 청결을 유지할 수 있습니다. 현재 머리를 감겨 주는 로봇은 몸이 불편한 사람들을 위해 사용되고 있습니다. 양치질을 어떻게 해야 하는지 알려 주는 로봇은 아이들의 올바른 양치 습관을 교육할 때 사용되고 있지요. 사람들이 편하게 씻을 수 있도록 돕는 이동식 세면대 로봇과 몸을 닦아 주는 로봇은 머지않아 일상 생활에서 볼 수 있을 것입니다.

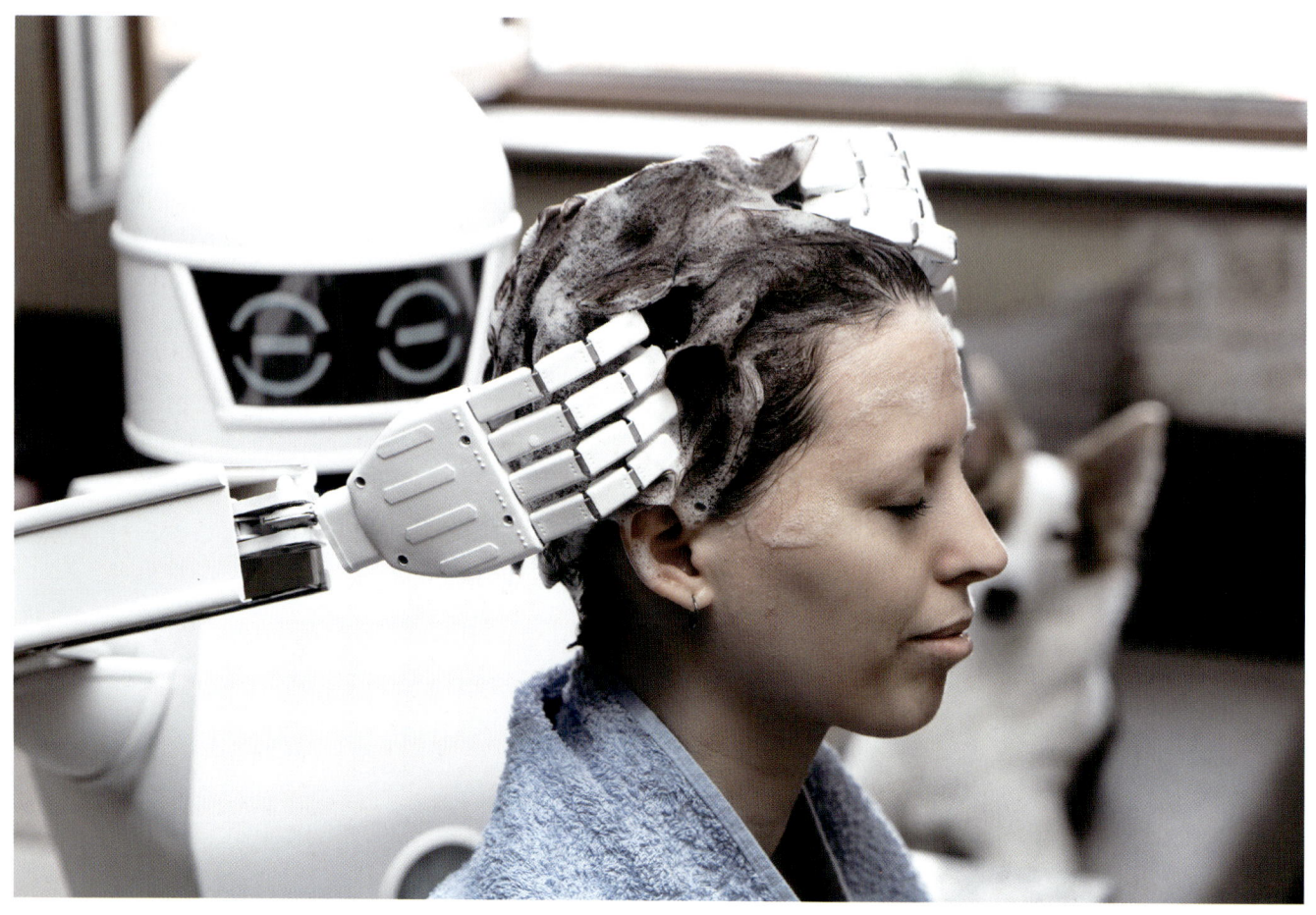

코디

미국에서 장애인을 돕기 위해 개발한 로봇입니다. 몸이 불편한 사람이 침대에 누워 있을 때 스펀지나 티슈로 몸을 닦아 줍니다. 더 정교하게 움직이도록 발전시킨다면 병원이나 요양원 같은 곳에서 널리 활용될 것입니다.

로보혼

2016년 일본에서 출시된 로보혼은 원래 가전제품 제어, 사진 촬영 및 공유, 아이들 구구단 공부 시키기 등을 수행하는 로봇입니다. 여기에 양치질 관련 회사와 힘을 합쳐 양치질을 도와주는 기능을 추가했습니다. 로보혼은 사용자에게 양치질을 어떻게 해야 하는지 알려 주고, 제대로 했는지 결과를 알려 주기도 합니다.

머리 감겨 주는 로봇

일본의 '파나소닉'에서 만든 로봇입니다. 적절한 온도를 맞춘 물을 쏘아서 머리를 적시고, 샴푸를 뿌립니다. 그리고 로봇 손가락으로 머리를 감겨 줍니다. 사용자의 머리 형태에 대한 정보를 이용해 두피 마사지도 할 수 있습니다.

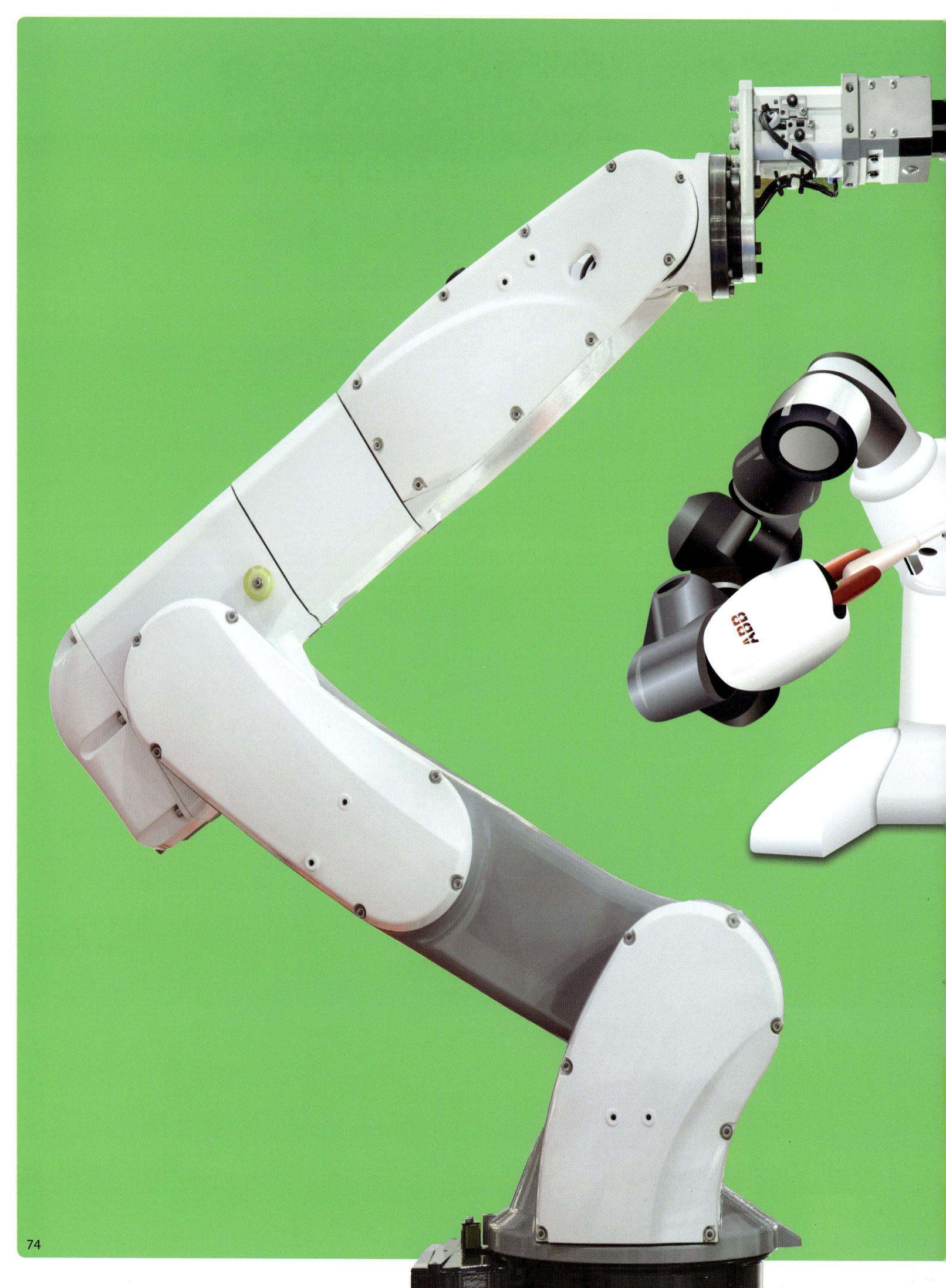

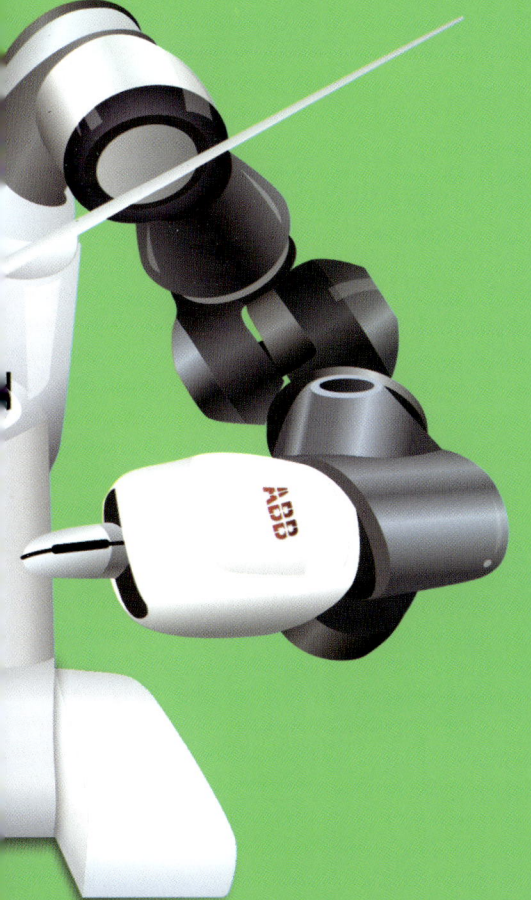

제3장

일터에서 일하는 로봇!

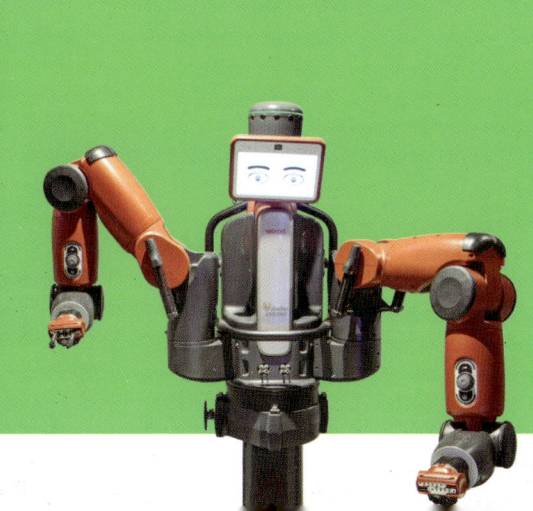

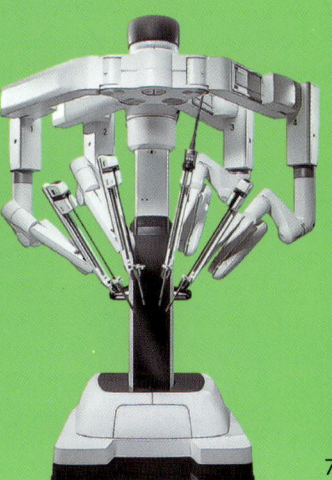

정보와 위치를 제공하는 로봇이 있나요?

교과 연계 3-1 국어 2단원 '문단의 짜임' 6학년 실과 (교학사, 금성, 동아, 미래엔) '발명과 로봇' 단원

여러분은 처음 가보는 곳에서 길을 어떻게 찾나요? 안내판을 보거나 주변 사람들에게 물어서 목적지를 찾나요? 앞으로는 안내원 역할을 하는 로봇이 우리를 도와줄 것입니다. 지금도 공항, 박물관, 마트, 운동 경기장 등 다양한 곳에서 로봇이 사람에게 길이나 위치 정보를 알려 주고 있습니다. 로봇에게 목적지를 알려 주면, 친절하게 안내해 줍니다. 또한 사용자가 궁금해하는 물건 가격, 제품에 대한 설명, 운영 시간 등의 정보도 제공하지요. 안내 로봇은 매번 새로운 정보를 업데이트해서 사람보다 더 정확한 내용을 전달할 수 있습니다. 또한 24시간 동안 일을 할 수 있기 때문에 앞으로 로봇 안내원을 흔히 볼 수 있는 세상이 올 것입니다.

페퍼

일본에서 만든 감정 인식 휴머노이드 로봇입니다. 원래는 가정용으로 개발되었으나 현재 우리나라 대형마트에서는 사람들을 안내하는 용도로 사용하고 있습니다. 쇼핑객에게 다양한 쇼핑 정보를 제공합니다.

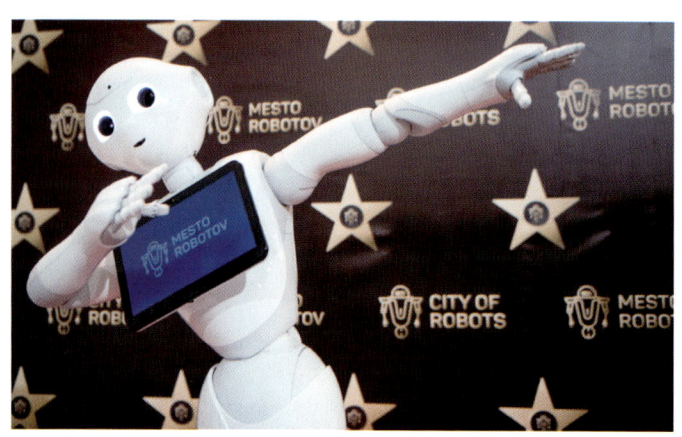

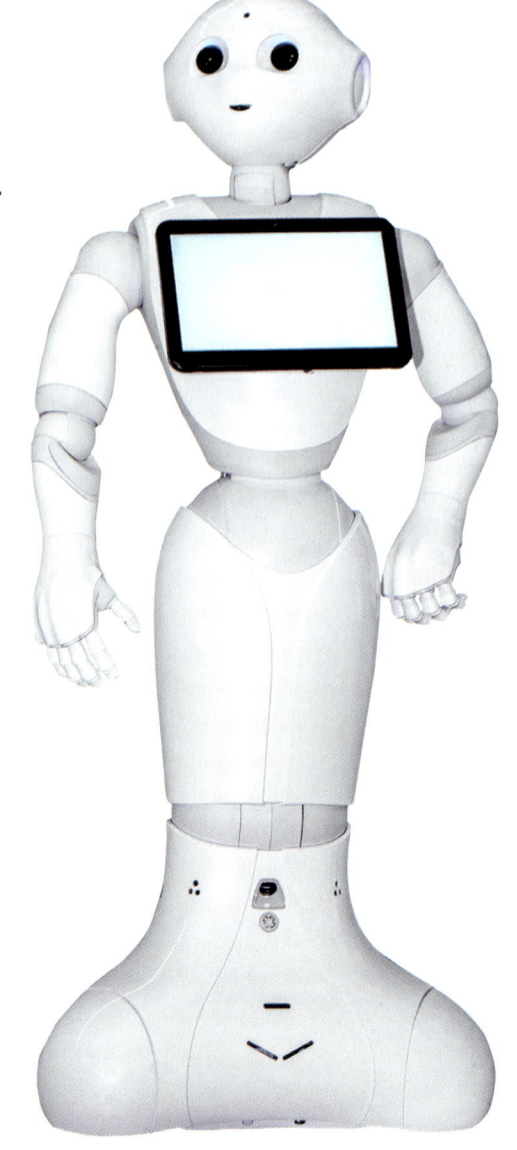

큐아이

박물관을 돌아다니면서 전시품을 설명해 주는 로봇입니다. 사람들은 큐아이를 통해 원하는 정보를 수집할 수 있고, 가고 싶은 전시관을 안내받을 수도 있습니다. 현재 우리나라의 국립중앙박물관, 국립나주박물관, 국립제주박물관에서 운영 중입니다.

에뮤

일본의 역이나 공항, 병원 등에서 운영되고 있는 인공 지능 로봇입니다. 접수, 안내, 순회 감시 등 서비스를 제공하고 있습니다. 일본어, 한국어, 영어, 중국어 음성 지원이 가능합니다.

에어스타

인천 공항에 있는 안내 로봇입니다. 에어스타는 사용자가 가고 싶어 하는 곳의 위치를 알려 주고, 직접 데려다 줍니다. 사진을 찍은 뒤 메일로 전송해 주는 기능도 있습니다.

엘봇

서울 롯데백화점 본점에서 쇼핑객에게 맛집 안내와 가상 피팅 서비스를 하고 있는 쇼핑 도우미 로봇입니다. 고객에게 도움이 필요한 순간을 판단해서 스스로 다가가 판매원 역할도 합니다.

공장에서 일을 하는 로봇이 있나요?

교과 연계 5학년 실과 (교학사) '수송 기술과 우리 생활' 단원, '일과 직업 탐색' 단원, (동아) '수송과 생활' 단원, '나의 발견과 나의 미래' 단원, (금성) '수송 기술과 안전 관리' 단원, '나와 직업' 단원, (미래엔) '생활과 수송' 단원, '나의 진로' 단원 6학년 실과 (교학사, 금성, 동아, 미래엔) '발명과 로봇' 단원

공장은 물건을 대량으로 생산하기 위한 곳입니다. 빠르게 많은 양의 물건을 생산하기 위해서는 분업이 꼭 필요합니다. 나누어진 일은 대체적으로 단순 반복 작업이 많습니다. 따라서 사람이 일을 하는 것보다는, 쉬지 않고 끊임없이 일을 하는 로봇을 사용하는 것이 효율적이지요. 로봇은 공장에서 부품을 조립하거나 무거운 짐을 옮기는 일을 합니다. 또한 쇠를 붙이는 용접이나 물건을 자르는 절단 작업을 하기도 하지요. 사람을 도와 일의 효율성을 높이고 사람이 할 수 없는 부분까지 도맡아 하는 로봇은 지금도 공장에서 중요한 역할을 하고 있습니다.

티라봇

우리나라 '티라유텍'에서 개발한 자율 주행 로봇입니다. 최대 1톤의 짐을 싣고 다닐 수 있으며 경사로에서도 이동이 가능합니다. 도착 지점에 정확히 물건을 옮길 수 있습니다. 2021년에 출시된 티라봇 시리즈는 앞으로 공장뿐만 아니라 물류 창고나 건설 현장에서도 널리 사용될 것입니다.

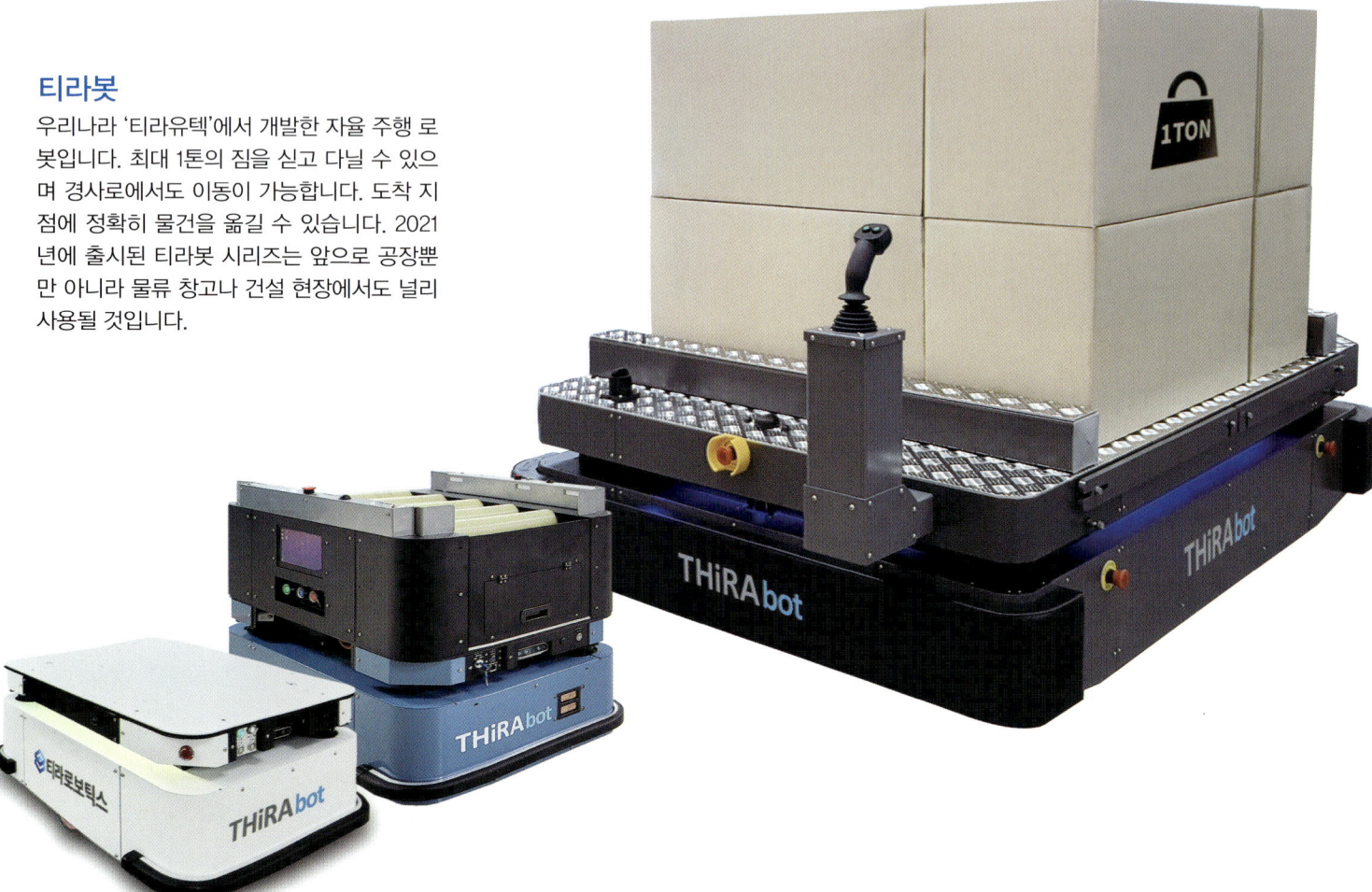

백스터
미국에서 개발한 산업용 로봇입니다. 양팔을 이용해 물건을 들어 올리고 포장하는 일을 합니다. 현재 여러 공장에서 사람과 같이 일을 하고 있습니다. 스크린을 통해 다양한 표정을 지을 수도 있습니다.

RB
우리나라에서 만든 산업용 로봇 팔입니다. 현재 공장에서 용접, 연마, 물건 옮기기 등의 일을 하고 있습니다. 여러 대를 협동시켜서 일을 처리할 수도 있습니다. 충돌 감지 시스템을 이용해 옆에서 일하는 사람이 다치지 않도록 합니다.

용접 로봇
자동차 생산 라인에서 용접을 하고 있는 용접 로봇입니다. 사람 대신 위험한 작업을 하고 있습니다.

부품 조립 로봇
자동차를 만들 때 필요한 부품을 조립하는 로봇입니다. 사람 대신 무거운 부품을 들어 올리고, 섬세하게 조립합니다.

운동 경기장에서 일하는 로봇이 있나요?

교과 연계 3~6학년 체육 (교학사, 지학사, YBM, 금성, 동아) '경쟁' 단원 6학년 실과 (교학사, 금성, 동아, 미래엔) '발명과 로봇' 단원

운동은 종목마다 각각 다른 특성을 갖고 있습니다. 그래서 운동 경기장에서 일하는 로봇도 저마다 하는 역할이 다르지요.
'헬로캐디'라는 로봇은 우리나라의 골프장에서 사용되고 있습니다. 골프채가 담긴 가방을 들고 사용자를 따라다니며, 경기에 필요한 정보를 제공하지요.
'테니봇'은 테니스공을 주워 주기 때문에 사람들이 공을 정리하는 것을 신경 쓰지 않아도 됩니다. 현재 미국에서 인기리에 판매되고 있습니다. 중국에서 개발한 '퐁봇'이라는 로봇은 탁구공 서브를 넣습니다. 단순히 공만 보내는 것이 아니라, 선수의 훈련 데이터를 분석해서 좋은 성과를 거둘 수 있도록 도와줄 수 있습니다. 머지않아 탁구 연습하는 사람들 사이에서 널리 사용될 것으로 보입니다.
앞으로 로봇은 심판이나 코치처럼 중요한 역할을 맡으며, 점차 여러 운동 경기장에서 활약할 것입니다.

테니봇
테니스 코트에 흩어져 있는 테니스공을 주워 주는 로봇입니다. 자율 주행이 가능하며 공을 최대 80개까지 싣고 다닐 수 있습니다. 사용하지 않을 때는 여행용 가방처럼 끌고 다닐 수 있습니다. 미국에서 판매되고 있습니다.

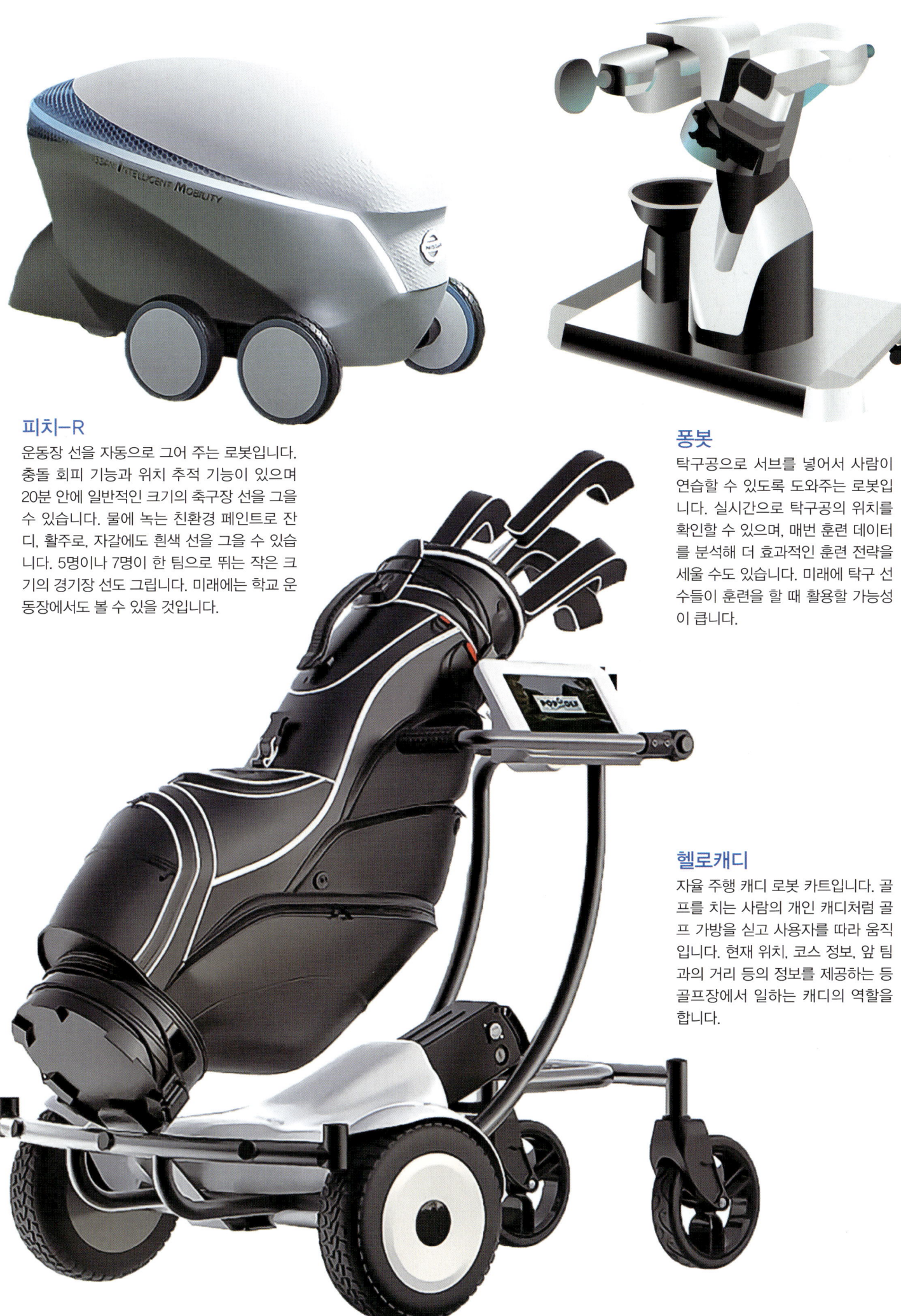

피치-R

운동장 선을 자동으로 그어 주는 로봇입니다. 충돌 회피 기능과 위치 추적 기능이 있으며 20분 안에 일반적인 크기의 축구장 선을 그을 수 있습니다. 물에 녹는 친환경 페인트로 잔디, 활주로, 자갈에도 흰색 선을 그을 수 있습니다. 5명이나 7명이 한 팀으로 뛰는 작은 크기의 경기장 선도 그립니다. 미래에는 학교 운동장에서도 볼 수 있을 것입니다.

퐁봇

탁구공으로 서브를 넣어서 사람이 연습할 수 있도록 도와주는 로봇입니다. 실시간으로 탁구공의 위치를 확인할 수 있으며, 매번 훈련 데이터를 분석해 더 효과적인 훈련 전략을 세울 수도 있습니다. 미래에 탁구 선수들이 훈련을 할 때 활용할 가능성이 큽니다.

헬로캐디

자율 주행 캐디 로봇 카트입니다. 골프를 치는 사람의 개인 캐디처럼 골프 가방을 싣고 사용자를 따라 움직입니다. 현재 위치, 코스 정보, 앞 팀과의 거리 등의 정보를 제공하는 등 골프장에서 일하는 캐디의 역할을 합니다.

과일을 딸 수 있는 로봇이 있나요?

교과 연계 4-1 과학 3단원 '식물의 한살이', 4-2 과학 1단원 '식물의 생활' 5학년 실과 (교학사) '생명 기술 시스템과 동식물' 단원, (동아) '식물과 동물' 단원, (금성) '동식물과 우리 생활' 단원, (미래엔) '생활과 동식물' 단원 6학년 실과 (교학사, 금성, 동아, 미래엔) '발명과 로봇' 단원
6학년 실과 (교학사, 금성) '지속 가능한 미래 농업' 단원, (동아) '생활 속 친환경 농업' 단원, (미래엔) '친환경 농업과 미래' 단원

여러분은 머지않아 로봇이 수확한 과일을 먹게 될 것입니다. 로봇이 딴 과일은 잘 익은 상태일 뿐만 아니라 상처도 없습니다. 왜냐하면 적외선 센서와 인공 지능을 통해 과일이 익었는지 확인하고, 정밀한 로봇 팔이나 흡입 장치를 이용해 과일을 딸 수 있기 때문입니다.

과일을 수확하는 로봇을 이용하면 많은 장점이 있습니다. 코코넛처럼 지상으로부터 높은 곳에 달리는 과일은 사람이 직접 따기에 위험이 큽니다. 하지만 로봇은 사람처럼 다칠 염려 없어 안전하게 코코넛을 수확할 수 있습니다. 또한 사람이 눈으로 보았을 때 제대로 익었는지 판단을 내리기 어려운 과일도 로봇은 정확히 판단할 수 있습니다. 로봇은 하루 종일 일을 할 수 있기 때문에 같은 기간 내에 많은 양의 과일을 수확할 것입니다.

파
과일을 식별하고 수확하는 자율 비행 로봇입니다. 인공 지능을 이용해 잘 익은 과일을 판단한 뒤, 안전하게 과일을 수확합니다. 하늘을 날 수 있기 때문에 높은 곳에 매달려 있는 과일도 쉽게 수확할 수 있습니다. 검증 과정을 가진 뒤 상용화될 예정입니다.

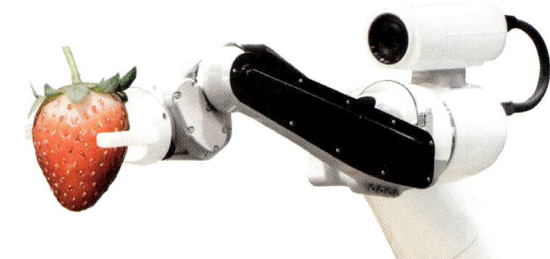

딸기 수확 로봇
로봇을 이용한 미래의 딸기 수확 장면입니다. 태블릿을 통해 잘 익은 신선한 딸기만을 골라 따도록 로봇을 조종할 수 있습니다.

사과 수확 로봇
센서를 이용해 사과가 잘 익었는지 확인한 후 로봇 팔을 이용해 사과 근처에 다가가 사과를 수확합니다. 사람보다 짧은 시간에 많은 양의 사과를 수확할 수 있습니다.

포도 수확 로봇
로봇을 이용한 미래의 포도 수확 장면입니다. 로봇은 지치지 않고 포도를 딸 수 있습니다.

버고
토마토 수확 로봇입니다. 자율 주행이 가능하며, 토마토가 충분히 익었는지 판단할 수 있습니다. 팔 움직임이 정교하여 줄기를 상하게 하지 않고 토마토를 수확할 수 있습니다. 앞으로 토마토뿐만 아니라 고추, 오이, 딸기 등을 수확할 수 있도록 업그레이드하여 전 세계에 판매할 예정입니다.

병원에서 일하는 로봇이 있나요?

교과 연계 3-1 국어 2단원 '문단의 짜임' 6학년 실과 (교학사, 금성, 동아, 미래엔) '발명과 로봇' 단원

여러분은 길을 지나가다가 로봇 수술 광고를 본 적이 있나요? 현재 병원에서는 안전하고 정교한 수술을 위해 로봇을 활용하고 있습니다. 로봇은 수술 부위를 정확히 인지하고 오차 없이 움직입니다. 최근에는 입, 눈, 머리 수술에 특화된 로봇을 개발하면서 더욱 전문화되고 있습니다. 병원에는 수술만 하는 로봇이 있는 것이 아닙니다. '호스피' 로봇은 환자에게 길을 안내해 주고, 약을 운반합니다. 몸을 잘 가누지 못하는 환자를 위해 몸을 닦아 주는 로봇도 있습니다.

호스피
호스피는 노인 환자가 큰 병원에서 진찰실이나 검사실에 가야 할 때 같이 이동하며 길을 안내해 주는 로봇입니다. 환자를 검사하는 데 필요한 재료와 약을 운반하는 기능이 있습니다. 호스피는 현재 일본의 병원에서 활약 중인데, 운반 기능이 우수해서 다른 분야에서도 활용될 가능성이 높아지고 있습니다.

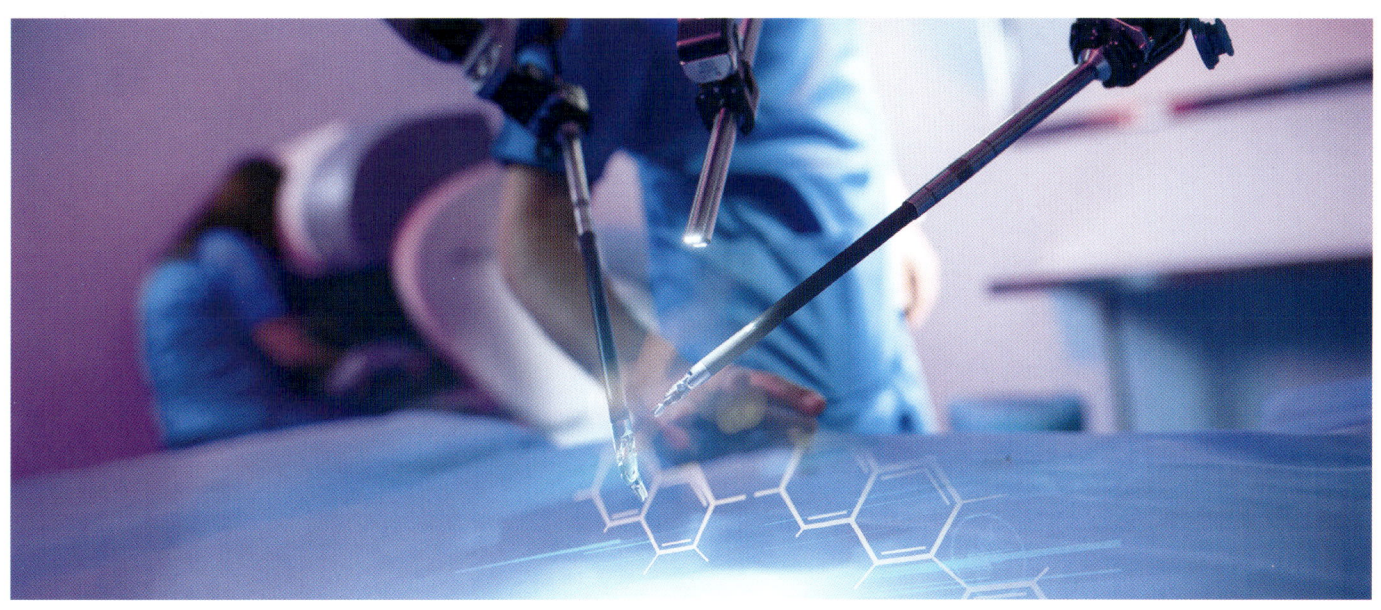

다빈치 수술 로봇

사람이 수술을 진행하면 미세하게 손을 떨기 때문에 오차가 생길 수 있습니다. 하지만 다빈치 수술 로봇은 오차 범위가 작기 때문에 정교하게 수술이 가능합니다. 또한 수술하고 난 뒤 환자에게 생기는 상처도 최소한으로 줄일 수 있습니다. 많은 병원에서 활용되고 있습니다.

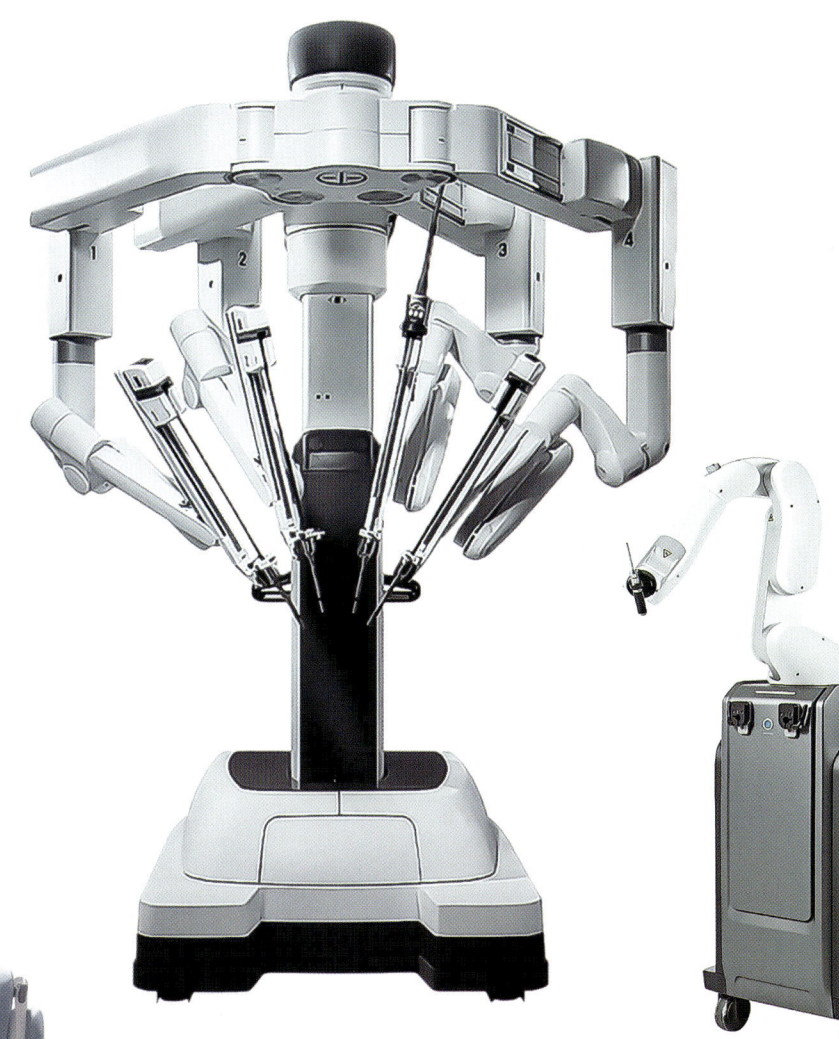

아르타스 로봇

머리카락을 심어 주는 로봇입니다. 보통 모발 이식 수술을 진행하면 4~5시간이 걸립니다. 긴 수술 시간에도 아르타스 로봇은 쉬지 않고 계속 정밀한 수술을 진행할 수 있습니다. 전 세계에 300대 정도의 로봇이 활약하고 있습니다.

큐비스 조인트

환자의 관절을 인공 관절로 바꿔 주는 수술 로봇입니다. 완전 자동형 로봇이기 때문에 의사가 조종하지 않아도 수술을 할 수 있습니다. 인도에서 100여 건이 넘는 수술을 진행했습니다.

음식점이나 카페에서 일하는 로봇이 있나요?

교과 연계 5학년 영어 (천재) 5단원 'I'd like Fried Rice' 6학년 실과 (교학사, 금성, 동아, 미래엔) '발명과 로봇' 단원

여러분은 무인 카페에서 로봇이 만들어준 음료를 마셔 본 적이 있나요? 우리나라의 '로봇 카페 비트', '알리바바 로봇 카페'에서는 사람 대신 로봇이 일합니다. 음료를 주문하면 로봇 팔이 프로그래밍된 방법에 따라 주문한 음료를 만들어서 손님에게 제공합니다.
카페에는 음료를 서빙하는 로봇도 있습니다. 서빙 로봇인 '푸두봇', '토랑이'는 선반 부분에 음료를 놓아 주면 주문한 사람의 테이블까지 가져다줍니다. 음식점에서는 음식을 서빙하기도 합니다.

서빙 로봇
중국 하얼빈의 한 로봇 테마 레스토랑에서 일하는 서빙 로봇으로, 손님에게 음식을 나르는 일을 하고 있습니다.

브레드봇
식빵을 만드는 로봇입니다. 반죽, 모양 만들기, 굽기 등의 과정을 사람들이 볼 수 있습니다. 하루 최대 235개의 빵을 구워 낼 수 있습니다. 미국 전역에 400개의 점포를 갖고 있는 '스톱 앤 숍' 매장 중 일부에서 시범 운영을 한 뒤, 전체로 확대할 예정입니다.

로봇 카페 비트
커피 만드는 로봇을 이용한 카페입니다. 스마트폰이나 키오스크(공공장소에 설치된 무인 정보 단말기)를 통해 주문이 가능합니다. 주문과 결제가 앱으로 가능하며, 로봇이 직접 커피와 다양한 음료를 제공합니다. 인공 지능을 이용해 고객이 자주 마시는 음료를 추천해 주기도 합니다.

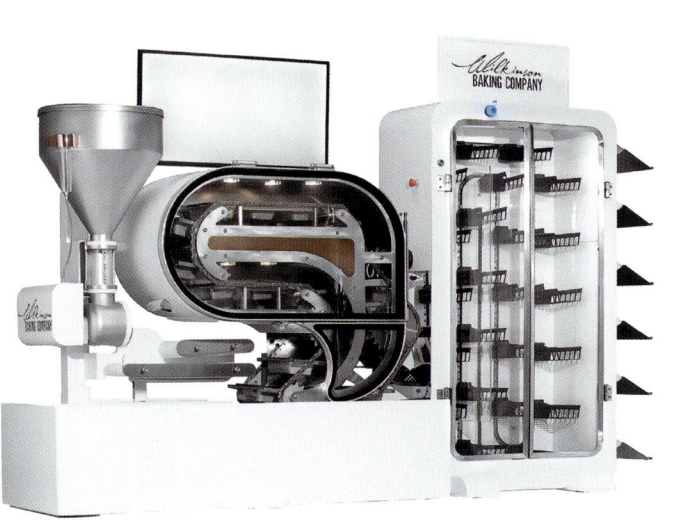

서빙 로봇(HYUNDAI S1)

우리나라 현대 로보틱스가 개발한 자율 주행 서빙 로봇입니다. 손님이 KT의 기가지니 단말을 통해 음성 주문을 하면 손님의 자리로 음식, 접시, 생수 등을 배달합니다.

토랑이

우리나라 무인 카페에서 서빙을 하는 로봇입니다. 음료를 테이블까지 가져다주는 일을 합니다. 안전 기능이 설정되어 있어 장애물을 마주하면 다른 경로로 이동합니다. 고객에게 어떠한 음료인지 음성으로 안내하기도 합니다.

푸두봇

우리나라 음식점이나 카페에서 서빙을 하는 로봇입니다. 자율 주행이 가능하며 장애물을 피할 수 있습니다. 여러 접시를 한 번에 옮기는 것도 가능합니다. 음식을 받은 손님이 화면에 확인 버튼을 누르면 푸두봇은 웃는 표정을 보이고 제자리로 돌아갑니다.

동물을 퇴치하는 로봇이 있나요?

교과 연계 3-2 과학 2단원 '동물의 생활' 6학년 실과 (교학사, 금성, 동아, 미래엔) '발명과 로봇' 단원

인간과 동물은 함께 살아가고 있습니다. 그러다 보니 서로 의도치 않게 피해를 주는 경우가 있습니다. 여러분은 뉴스를 통해 종종 동물들이 사람 사는 곳에 출몰하여 문제를 일으키는 경우를 들은 적이 있을 것입니다. 일본의 한 농촌에서는 멧돼지가 농작물을 파헤치고 사람을 공격하는 것을 막기 위해 '몬스터 울프'라는 로봇을 개발했습니다. 센서를 통해 야생 동물을 감지하면 눈에 빨간 불을 켜고 머리를 움직입니다. 그리고 늑대 울음소리, 총소리, 사람 목소리 등 60여 가지의 소리를 내어 야생 동물을 내쫓습니다. 우리나라에서는 '제로스'라는 로봇을 만들어 독성이 있는 해파리가 사람을 공격하지 못하도록 막고 있습니다. 또한 세계 최초로 공항에서 새가 비행기와 충돌하는 사고를 막기 위해 조류 퇴치 로봇을 개발하기도 했습니다.

해파리 제거 로봇

우리나라 해양수산부와 미래창조과학부가 함께 만든 해파리 제거 로봇입니다. 로봇의 몸체 아래에 설치된 프로펠러가 돌면서 물속에서 움직이는 해파리의 몸통을 절단합니다.

몬스터 울프

곰과 멧돼지가 마을로 내려와 사람을 위협하고 농작물을 망치는 것을 막기 위해 개발된 늑대 로봇입니다. 센서를 통해 야생 동물을 감지하면 눈에 빨간 불을 켜고 머리를 움직입니다. 그리고 늑대 울음소리, 총소리, 사람 목소리 등 60여 가지의 소리를 내며 야생 동물을 내쫓습니다.

로버즈
맹금류의 모습과 날갯짓을 모방하여 작동되는 조류 퇴치 로봇입니다. 작은 공항이나 쓰레기 처리장 등에서 작은 새들을 퇴치하고 있습니다.

조류 퇴치 로봇
공항에서 새가 비행기와 충돌하거나 엔진으로 빨려 들어가면 큰 사고가 날 수 있습니다. 조류 퇴치 로봇은 이런 사고를 막기 위해 새를 소리로 내쫓습니다. 우리나라 공군에서 시범 운영을 마쳤으며 공항에서 사용할 계획입니다.

건설 현장에서 일하는 로봇이 있나요?

교과 연계 6학년 실과 (교학사, 금성, 동아, 미래엔) '발명과 로봇' 단원

건물을 짓고 공사하는 건설 현장에는 위험한 일이 많습니다. 무거운 건설 자재를 옮기거나 높은 곳에서 페인트를 칠할 때 사람이 자칫 실수라도 하면 크게 다칠 수 있습니다. 이런 일들을 로봇이 대신해 준다면 얼마나 좋을까요? 실제로 건설 현장에서 로봇을 적용하여 건물을 짓거나 관리하는 사례가 늘고 있습니다. 벽돌을 쌓는 로봇, 용접하는 로봇, 드릴로 구멍을 뚫는 로봇 등이 활약하면서 사람에게 많은 도움을 주고 있습니다. 이렇게 로봇을 건설 현장에 활용하게 되면 일을 빠르고 안전하게 처리할 수 있습니다. 그리고 사람이 직접 작업하는 것보다 정교한 결과를 낼 수 있습니다.

바우봇
로봇 팔을 이용해 용접, 드릴로 구멍 뚫기, 벽돌 쌓기, 레이저 커팅 등의 작업을 할 수 있습니다. 계단과 같은 장애물에 구애받지 않고 자유자재로 이동하며 일을 할 수 있습니다. 앞으로 인공 지능 기술을 적용해 여러 대의 로봇들이 협동 작업을 할 수 있도록 할 계획입니다.

용접 로봇
사람을 대신하여 건설 현장에서 강한 열로 용접을 하는 로봇입니다.

벽돌 쌓는 로봇
건설 현장에서 일하는 로봇으로 하드리안X가 있습니다. 이 로봇은 벽돌을 가지고 와서 정해진 장소에 쌓아 벽을 만들 수 있는 로봇입니다. 바람이 불고 진동이 있더라도 벽돌을 정확한 위치에 놓을 수 있습니다. 45~55초 이내에 벽돌 한 개를 쌓을 수 있어서 사람이 직접 작업하는 것보다 빨리 건물을 세울 수 있습니다.

로보프린트 p-bot
고층 건물 외벽을 페인트칠하는 로봇입니다. 건물 외벽을 칠할 때 일반적인 스프레이 분사 방식을 이용할 경우, 건강에 해로운 물질이 주변에 떨어집니다. 하지만 이 로봇은 해로운 물질이 주변에 흩뿌려지는 것을 방지할 수 있습니다. 로보프린트 p-bot은 우리나라에서 아파트, 지하도, 옹벽, 방음벽 등을 도색할 때 이용되고 있습니다.

스팟
건설 현장에서 활약하는 4족 보행 로봇입니다. 계단을 오르내릴 수 있고, 장애물을 피해 달릴 수 있습니다. 건물을 돌아다니면서 공사 현황 데이터를 수집하면, 사람은 이 자료를 토대로 건설 현장에 이상이 있는지 검토하고, 안전 관리를 할 수 있습니다.

미술 작품을 만들 수 있는 로봇이 있나요?

교과 연계 3~6학년 미술 (지학사, 금성, 동아) 모든 단원 6학년 실과 (교학사, 금성, 동아, 미래엔) '발명과 로봇' 단원

옛날에는 로봇이 미술 작품을 만든다는 것을 상상할 수도 없었습니다. 하지만 최근에는 인공 지능이 발달하고, 로봇들이 사람의 팔처럼 정교하게 움직이면서 다양한 미술 창작 활동을 하고 있습니다. 그림을 그리고 색칠하기, 조각품 만들기, 서예 등 여러 분야에서 두각을 나타내고 있지요.

최근에는 사람이 주는 정보만 활용하는 것이 아니라, 스스로 학습하고 판단해서 작품을 만드는 경우도 점차 늘어나고 있습니다. 이제 로봇은 미술뿐만 아니라 음악, 문학 등 다양한 예술 창작 활동에 참여할 것입니다. 머지않아 우리는 로봇이 그린 그림을 감상할 것입니다.

e-데이비스
캔버스에 유화로 그림을 그릴 수 있는 로봇입니다. 사용자가 인터넷을 이용해 명령을 내리면 풍경이나 인물을 그대로 그립니다. 한 팔로 그림을 그리는데 5개의 붓으로 팔레트에서 물감을 묻혀 그림을 그립니다.

제미니
홍콩의 발명가 겸 예술가가 만든 수묵화 그리는 로봇입니다. 직접 붓을 잡고 잉크와 물에 적셔서 그림을 그립니다. 인공 지능을 이용해 작품을 만들기 때문에 로봇 개발자도 로봇이 어떤 그림을 그릴지 미리 알 수 없습니다.

쿠카
원래는 제품을 조립할 때 사용하는 산업용 로봇입니다. 로봇 팔을 정교하게 움직일 수 있다는 장점이 있어서 예술가들이 조각 작품을 만들 때 활용하기 시작했습니다. '콰욜라'라는 작가는 쿠카를 이용해 조각상을 만들며 예술 활동을 하고 있습니다.

스크리빗
일반 벽뿐만 아니라 유리처럼 매끄러운 곳에도 그림을 그릴 수 있는 로봇입니다. 다양한 색상을 이용할 수 있고, 자신이 그린 그림을 지울 수도 있습니다. 인터넷에서 다운받은 그림을 그대로 그리는 것도 가능합니다.

화가 로봇
섬세한 터치로 초상화를 그리고 있는 화가 로봇입니다.

호텔에서 일하는 로봇이 있나요?

교과 연계 6학년 실과 (교학사, 금성, 동아, 미래엔) '발명과 로봇' 단원

호텔 로비에서부터 로봇을 만날 날이 점점 다가오고 있습니다. 일본의 '헨나 호텔'은 카운터에서 사람을 응대하는 역할을 로봇에게 맡겼습니다. 24시간 내내 작동하며 손님이 호텔 체크인과 체크아웃을 할 수 있도록 돕습니다.

우리나라의 한 호텔에서 일하고 있는 '엔봇', 싱가포르의 한 호텔에서 일하는 '제나', '제노'는 객실에 들어간 사람이 음식이나 음료, 물품 등을 주문하면 카운터에서 물건을 챙겨 방으로 전달해 줍니다. 스스로 엘리베이터를 타고 장애물을 피해 이동하며, 늦은 밤이나 이른 아침에 활동할 수 있기 때문에 언제든지 주문을 받을 수 있습니다.

미국의 뉴욕 맨해튼에 있는 '요텔'이라는 호텔에서는 '요봇'이 손님이 맡긴 짐을 받아 정해진 칸에 보관합니다. 체계적으로 정리하고 관리하기 때문에 짐을 분실할 염려가 없으며 짐을 찾을 때도 금방 찾아 돌려줄 수 있습니다.

무인 로봇 호텔
서울 명동에 있는 일본 헨나 호텔 지점 프론트의 모습입니다. 체크인을 안내하는 직원 로봇과 객실 서비스를 담당하는 배달 로봇이 일하고 있습니다.

로봇 직원들
일본의 헨나 호텔 안내 데스크에서 일하는 직원 로봇입니다. 세계 최초로 로봇이 일하는 호텔로 기네스북에 등재된 이 호텔은 로봇이 호텔 체크인과 체크아웃을 도와줍니다. 대화를 나눌 수는 없지만 영어, 일본어, 한국어, 중국어로 고객에게 간단한 정보를 제공할 수 있습니다. 24시간 작동하기 때문에 늦은 밤에도 손님을 맞이할 수 있습니다.

객실 배달 로봇

서울 명동에 있는 일본 헨나 호텔 지점에서 일하는 자율 주행 객실 배달 로봇입니다. 손님이 물품을 요청하면 객실 배달 로봇이 서비스를 신청한 방으로 물품을 가지고 와 방문을 똑똑! 노크를 합니다.

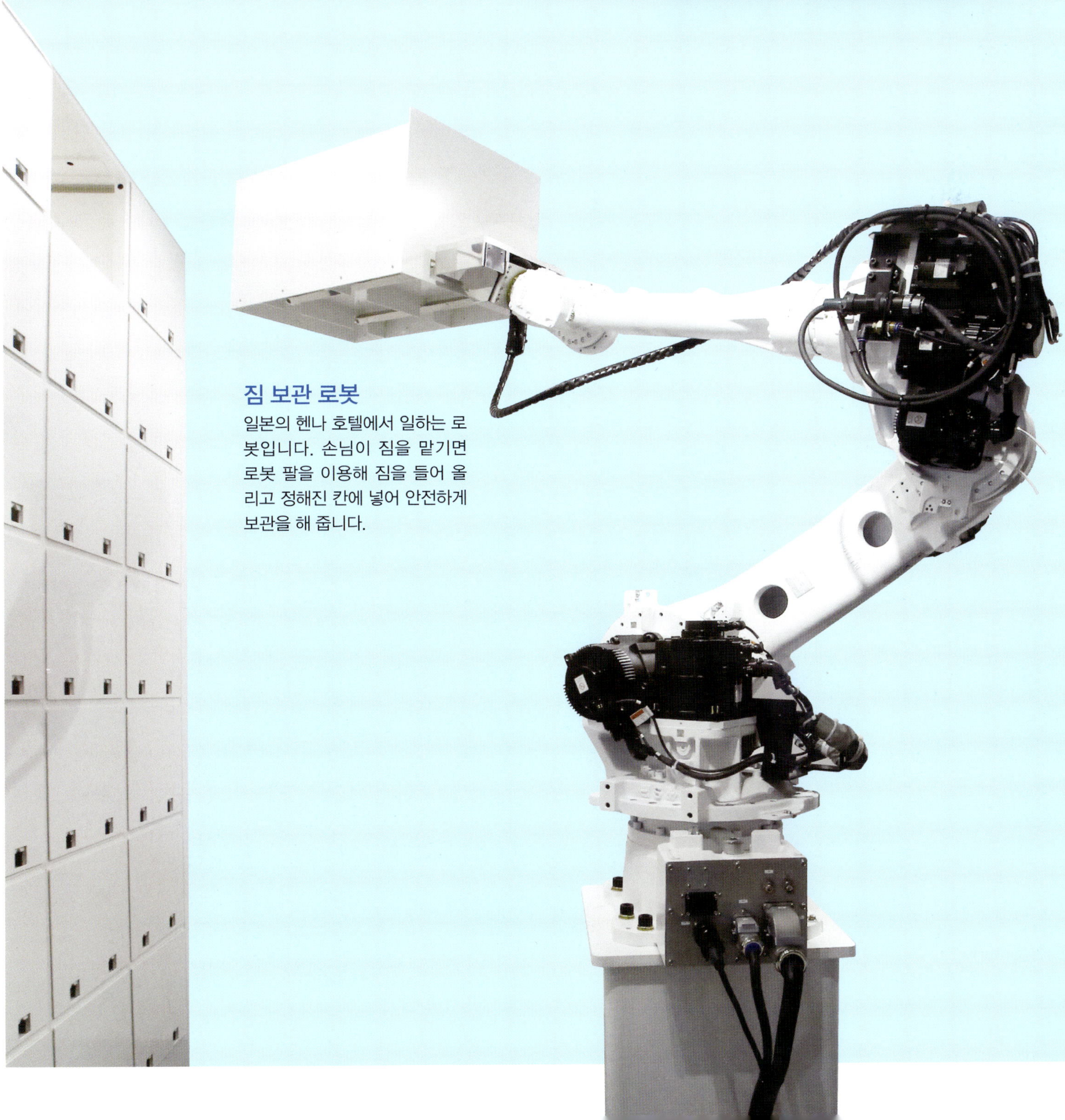

짐 보관 로봇

일본의 헨나 호텔에서 일하는 로봇입니다. 손님이 짐을 맡기면 로봇 팔을 이용해 짐을 들어 올리고 정해진 칸에 넣어 안전하게 보관을 해 줍니다.

물건이나 음식을 배달하는 로봇이 있나요?

교과 연계 5학년 실과 (교학사) '수송 기술과 우리 생활' 단원, '일과 직업 탐색' 단원, (동아) '수송과 생활' 단원, '나의 발견과 나의 미래' 단원, (금성) '수송 기술과 안전 관리' 단원, '나와 직업' 단원, (미래엔) '생활과 수송' 단원, '나의 진로' 단원, 6학년 실과 (교학사, 금성, 동아, 미래엔) '발명과 로봇' 단원

"띵동! 배달왔습니다!"

지금은 우리가 물건이나 음식을 주문하면 배달원이 배송해 주지만, 미래에는 로봇이 대신할 것입니다.

배달 로봇은 물건과 음식을 안전하고 정확하게 배달할 수 있습니다.

만약 여러 곳을 들려 배달을 해야 하는 상황이 온다면 보다 빠른 길을 탐색해서 효율적으로 배송을 할 것입니다. 주문한 사람 입장에서도 배달원을 직접 마주 보고 물품을 받는 것이 아니기 때문에 부담이 없습니다.

배달 로봇은 늦은 밤과 이른 새벽에도 배송을 할 수 있어서 시간 제약을 받지 않습니다. 그래서 사람들은 언제 어디에서든 배달을 받을 수 있습니다.

뉴로 R2

미국에서 개발한 배달 로봇입니다. 자율 주행으로 식료품, 의약품, 소매용품 등 다양한 물품을 배달합니다. 주문한 사람은 자신의 코드를 입력하여 문을 열고 물품을 꺼내 갈 수 있습니다. 미국의 일부 지역에서 활용되고 있는데 점차 그 범위를 넓혀갈 것입니다.

데리로
일본에서 개발한 음식 배달 로봇입니다. 온라인으로 음식을 주문하면 자율 주행으로 음식을 배달합니다.

배달 로봇
에스토니아의 '스타십 테크놀로지'사가 개발한 배달 로봇입니다. 전기 모터로 작동되며 교통 신호등과 횡단보도에 설치된 신호등을 인식하는 기능이 있습니다.

딜리타워
우리나라 '배달의 민족'에서 개발한 실내 음식 배달 로봇입니다. 배달하는 사람이 아파트 1층에 있는 딜리타워에게 음식을 넘기면, 로봇이 알아서 엘리베이터를 타고 주문한 호실까지 배달을 합니다. 곧 서울 시내의 건물 안에서 볼 수 있습니다.

딜리드라이브
우리나라 '배달의 민족'에서 개발한 음식 배달 로봇입니다. 매장에서 음식을 넣으면 딜리드라이브가 자율 주행 기술을 이용해 정해진 장소에 배달합니다. 광교에서 시범 운영을 했으며, 조만간 우리 곁에서 흔하게 볼 수 있을 것입니다.

마트에서 일하는 로봇이 있나요?

교과연계
5학년 실과 (교학사) '일과 직업 탐색' 단원, (동아) '나의 발견과 나의 미래' 단원, (금성) '나와 직업' 단원, (미래엔) '나의 진로' 단원
6학년 실과 (교학사, 금성, 동아, 미래엔) '발명과 로봇' 단원

마트에 들어서면 손님이 필요로 하는 물품의 위치와 가격을 알려 주는 로봇! 오늘의 할인 정보를 제공하는 로봇! 손님이 살 것을 들고 오면 결제를 도와주는 로봇! 우리가 마트와 편의점에서 이런 로봇을 흔히 볼 수 있는 날이 멀지 않았습니다. 미국에서는 '탤리'와 '마티'라는 로봇을 활용하고 있습니다. 이 로봇들은 마트 안에 있는 물품에 가격 표시가 제대로 되었는지 확인합니다. 그리고 품절된 물품이 있거나 이상이 있을 경우, 마트 직원에게 즉각 알립니다. 머지않아 마트와 편의점을 로봇으로만 운영하는 곳이 생길 수도 있습니다.

이동식 로봇 랩핑기
마트에 진열할 물품을 랩으로 감쌀 때 사용하는 로봇입니다. 사람의 포장 속도보다 빨라 마트 창고에서 많이 사용합니다. 우리나라 식료품 창고에서 흔히 볼 수 있습니다.

마티

미국 마트에서 널리 사용되고 있는 로봇입니다. 마티는 상품의 가격 표시가 제대로 되어 있는지 확인합니다. 또한 품절된 제품을 점원에게 알려서 물품을 주문하고 구비할 수 있도록 돕습니다. 가게 안에 문제가 있을 경우에도 점원에게 알려 줍니다.

미래의 로봇

고객이 원하는 물품이 어디에 있는지 위치를 알려 주는 미래의 로봇입니다.

매장에 있는 물건의 재고와 진열 상태 등을 파악하는 매장 관리 로봇입니다.

사람 대신 주변을 감시하는 로봇이 있나요?

교과 연계 3-1 국어 2단원 '문단의 짜임' 6학년 실과 (교학사, 금성, 동아, 미래엔) '발명과 로봇' 단원

아무도 없는 집에 누군가가 들어왔어요. 어떻게 하면 좋을까요?
괜찮아요. 집 안에 있는 CCTV 로봇 '라일리'가 집 주인에게 침입자의 모습을 촬영해서 보내줄 거예요. 그러면 집 주인은 경찰에 바로 신고하면 됩니다. 가정용 감시 로봇은 집 안을 구석구석 돌아다니며 실시간으로 영상을 촬영합니다. 반려동물이 잘 있는지 살펴볼 수도 있고, 집에 누가 침입하지는 않았는지 확인할 수도 있습니다. 주인은 스마트폰으로 촬영 내용을 바로 확인할 수 있습니다.
감시 로봇은 가정뿐만 아니라 회사, 공원, 지하 주차장 같은 곳에서도 사용할 수 있습니다. 사람 얼굴과 자동차 번호를 인식할 수 있으며 위기 상황이 발생하면 담당자에게 긴급 상황을 알립니다.

로미오
야외를 자율 주행으로 순찰 다니면서 주변 상황을 감시하는 로봇입니다. 사람 얼굴과 자동차 번호를 식별할 수 있으며 위험에 빠진 사람은 로미오를 통해 긴급 상황을 알릴 수 있습니다. 실외 보안 로봇으로 활용되고 있습니다.

인공 지능 보안 로봇
중국 청두 국제 금융 광장을 순찰하고 있는 인공 지능 보안 로봇입니다.

케이5

순찰하며 주변을 감시하는 로봇입니다. 카메라로 360도 촬영이 가능하며 얼굴 인식 시스템, 차량 번호 인식, 열상 카메라, 날씨 센서 등을 갖추고 있습니다. 정해진 구역을 돌아다니며 이상한 행동을 하는 사람이 나타나면 보안 담당자에게 알리거나 경보음을 울리는 기능을 갖고 있습니다. 미국 쇼핑몰 등지에서 활약하고 있습니다.

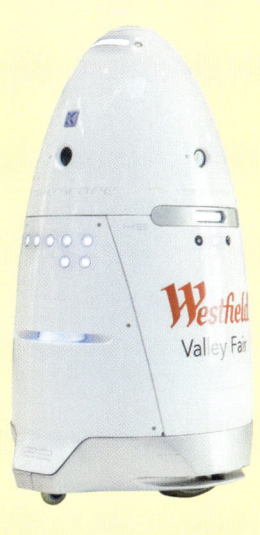

라일리

가정용 CCTV 로봇입니다. 집 안을 돌아다니면서 촬영한 화면을 사용자에게 그대로 보여줍니다. 집 안에 누가 침입하지 않았는지, 반려동물은 잘 있는지 확인할 수 있습니다.

아르보

자율 주행이 가능한 보안 로봇입니다. 정해진 코스를 돌아다니면서 카메라와 센서로 주위를 감시합니다. 여러 환경 센서도 장착되어 있어 라돈, 온도 및 습도, 미세먼지, 가스 등을 탐지할 수 있습니다. 사고 및 도난을 예방하는 데 큰 도움을 줍니다.

일본의 보안 로봇

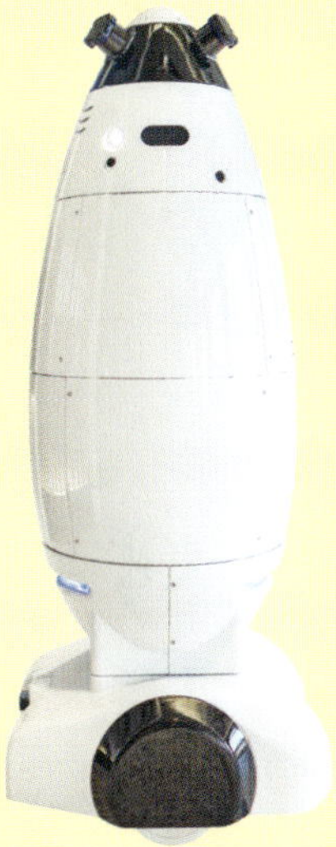

악기를 연주하거나 곡을 지휘하는 로봇이 있나요?

교과 연계 3~6학년 음악 (미래엔, 지학사, YBM, 금성, 동아, 비상, 천재) 모든 단원 6학년 실과 (교학사, 금성, 동아, 미래엔) '발명과 로봇' 단원

"우와! 로봇이 피아노를 연주하네요!"
2016년 성남 아트 센터에서 사람과 로봇이 피아노 연주 경연을 펼쳤습니다. 똑같은 곡을 연주하며 서로의 연주 실력을 평가하는 공연이었지요. 이후 사람들은 악기를 연주하는 로봇에 대해 큰 관심을 갖게 되었어요.
악기를 연주하는 로봇과 곡을 지휘하는 로봇은 움직이는 방법이 프로그램화되어 있으며, 수많은 곡을 데이터로 저장하고 있습니다. 그래서 실수 없이 다양한 곡을 연주하고 지휘를 할 수 있지요.
최근에는 인공 지능 기술이 발달하면서 음악을 창작하는 로봇도 나타나고 있습니다. 머지않아 로봇들이 스스로 창작한 곡을 합주하는 음악회가 열릴 수도 있을 것입니다.

테오 트로니코

53개 손가락으로 1,000곡을 연주하는 로봇입니다. 저장된 곡을 실수 없이 매끄럽게 연주할 수 있습니다. 2016년에 우리나라를 방문하여 사람과 피아노 연주 대결을 펼치는 공연을 선보였습니다.

로봇 음악 밴드 Z-머신즈
기타리스트 로봇 마하(가운데), 키보드 연주 로봇 코스모(왼쪽), 드럼 연주 로봇 아슈라(오른쪽)가 도쿄에서 열린 첫 라이브 공연에서 연주를 하고 있습니다.

바이올린 연주 로봇
일본 '토요타'에서 만든 바이올린 연주 로봇입니다. 키 152센티미터, 몸무게 56킬로그램으로 사람의 모습을 갖추고 있습니다. 손목과 손가락에 17개의 관절이 있어서 바이올린 연주에 필요한 미세한 움직임을 표현할 수 있습니다.

유미
원래는 산업용으로 개발된 양팔 로봇이지만, 음악 분야에서 지휘자로 사용되었습니다. 유미는 이탈리아에서 개최된 관현악 연주회에서 지휘봉을 잡고 지휘를 하였습니다.

배우처럼 연기하는 로봇이 있나요?

교과 연계 3~6학년 체육 (교학사, 지학사, YBM, 금성, 동아) '표현' 단원 5-2 국어 '연극, 함께 연극을 즐겨요' 단원
6학년 실과 (교학사, 금성, 동아, 미래엔) '발명과 로봇' 단원

만화나 영화에서 로봇을 본 적이 있나요? 이 로봇들은 대부분 CG(컴퓨터 그래픽)로 만들어진 영상입니다. 그런데 실제로 로봇이 연기를 하기도 합니다. 최근에 로봇이 영화와 공연에 모습을 드러내기 시작했습니다. 아직까지는 사람처럼 자연스럽게 행동하거나 섬세한 표정을 짓지는 못합니다. 그래서 맡는 역할이 대부분 로봇 역할에 한정되어 있지요. 미래에 기술이 더 발달하면 사람의 모습을 완벽히 흉내 내어 연기하는 로봇이 늘어날 것입니다. 특히 연극에서는 똑같은 연기를 매 회마다 반복해야 하기 때문에 로봇이 유용하게 사용될 것입니다. 영화에서는 위험한 장면을 촬영할 때 사람을 대신하여 로봇이 연기를 할 것입니다.

에리카
다양한 표정을 지을 수 있는 인공 지능 로봇입니다. 사람의 동작과 감정을 흉내 내는 방식으로 연기를 펼칠 수 있습니다. 각종 TV 프로그램에 출연했으며, 일본의 SF영화에 주연으로 발탁되어 촬영에 들어갔습니다.

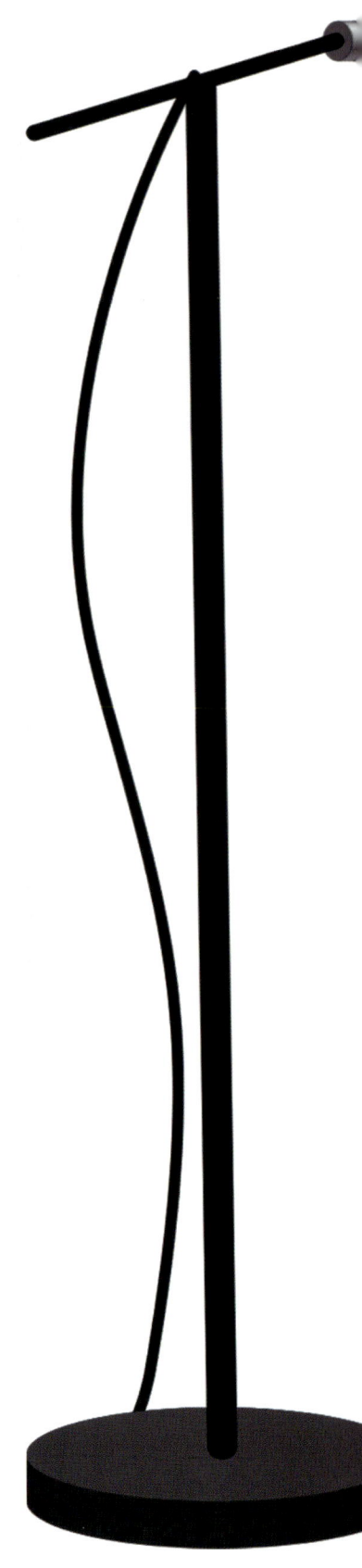

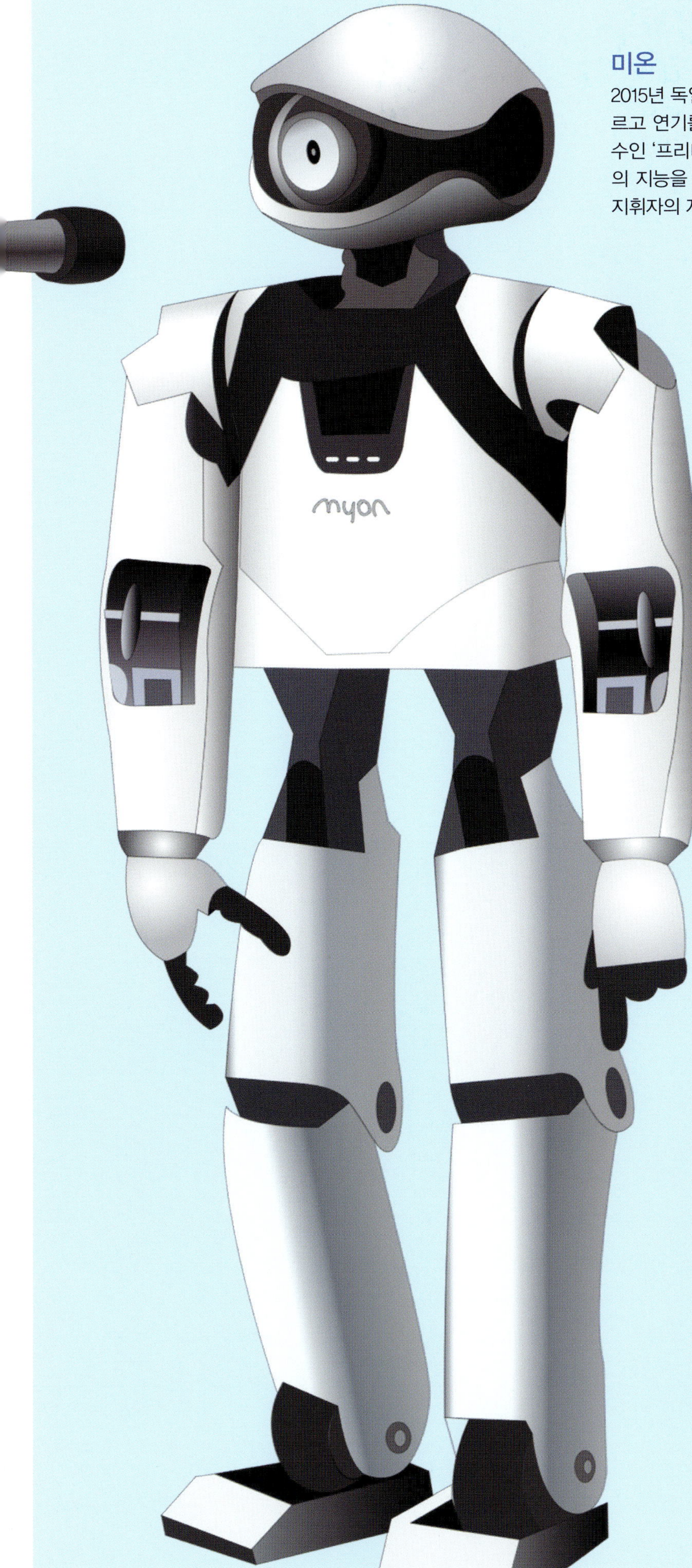

미온

2015년 독일에서 공연한 오페라에 출연하여 노래를 부르고 연기를 한 로봇입니다. 당시 오페라의 주연 여가수인 '프리마돈나' 역할을 맡았습니다. 한 살 아이 정도의 지능을 갖고 있으며, 완벽한 무대를 위해 2년 동안 지휘자의 지도를 받아 노래를 익혔습니다.

에버3

우리나라 한국생산기술연구원이 만든 휴머노이드 로봇입니다. 상황에 맞는 대사를 하며 노래를 부를 수 있습니다. 사진은 에버3가 국악 공연 무대에 배우로 데뷔한 모습입니다.

제4장

위험한 환경에서 일하는 로봇!

우주를 탐사하는 로봇이 있나요?

교과 연계 5-1 과학 3단원 '태양계와 별' 6학년 실과 (교학사, 금성, 동아, 미래엔) '발명과 로봇' 단원

여러분들은 밤하늘을 보면서 우주에 가고 싶다는 생각을 해 본 적이 있나요? 우주 공간은 겉보기에는 아름다워 보이지만 사람이 살 수 없는 극한 환경입니다. 사람이 살기 위해 필요한 산소와 물이 없으며 기온도 천차만별이지요. 그래서 우주 공간을 탐사하기 위해서는 사람이 아닌 로봇을 보내야 합니다. 로봇은 극한 환경을 버틸 수 있기 때문이지요. 로봇은 식량, 산소, 물 등이 필요하지 않습니다. 그리고 필요할 때만 전원을 켜서 작동시킬 수 있기 때문에 먼 곳까지 보낼 수 있습니다. 다시 지구로 돌아오는 것을 고려하지 않아도 되고요. 또한 로봇은 급격한 기온 변화를 버틸 수 있는 특수한 물질로 만들어져 있습니다. 그래서 춥거나 뜨거운 곳에서도 활동할 수 있습니다. 우주 탐사 로봇이 수집한 정보를 통해 우리는 우주의 비밀을 밝혀낼 수 있습니다.

미네르바 Ⅱ-1
일본의 소행성 탐사선 '하야부사2'의 탐사용 소형 로봇입니다. 두 대의 '미네르바 Ⅱ-1'이 소행성 표면에서 탐사 작업을 펼치고 있습니다. 지구에서 2억 8천만 킬로미터 떨어진 소행성 '류구' 상공에 도착한 '하야부사2'에서 분리된 소형 로봇 '미네르바 Ⅱ-1'은 소행성 표면을 점프하며 사진 촬영을 하였습니다.

화성 주위를 도는 우주 탐사선

R5 발키리
우주 탐사를 위한 휴머노이드 로봇입니다. 사람처럼 움직일 수 있습니다. 우주선의 고장난 부품을 수리하고 다른 행성의 토양 샘플을 수집하는 일을 합니다.

인사이트
화성 탐사 로봇입니다. 지표면의 온도, 열 흐름을 측정할 수 있는 장치가 탑재되어 있습니다. 인사이트는 화성의 표면을 굴착해 화성의 내부 구조를 규명하는 작업을 합니다.

퍼시비어런스
화성에서 활약 중인 탐사 로봇입니다. 물과 생명체의 흔적을 탐색하며, 지구로 보낼 암석과 토양을 채취합니다. 퍼시비어런스는 '목시'라는 산소 발생 장치와 '인저뉴어티'라는 소형 헬리콥터를 탑재하고 있습니다. 목시는 화성 대기에 있는 이산화탄소를 산소로 만드는 실험을 하고, 인저뉴어티는 대기가 부족한 화성에서도 특수 개발된 비행체가 하늘을 날 수 있는지 실험합니다.

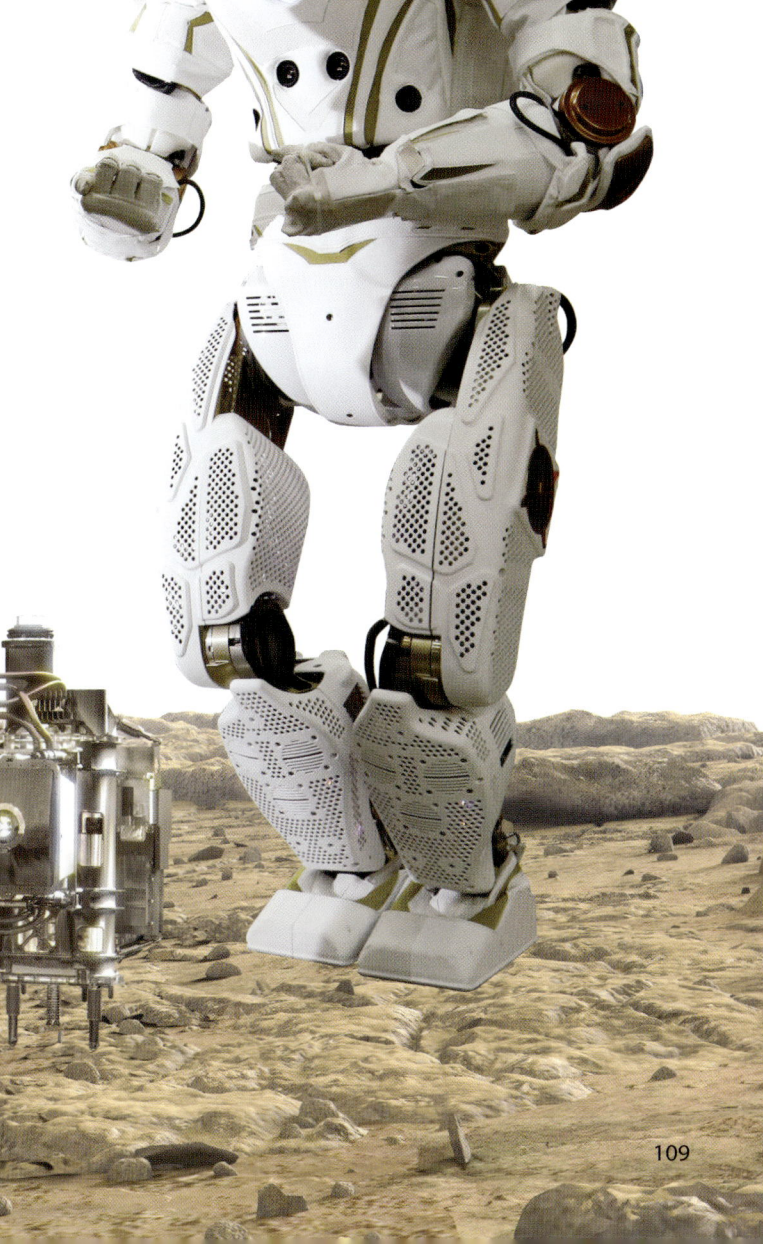

깊은 바다를 탐사하는 로봇이 있나요?

교과 연계 3-1 국어 2단원 '문단의 짜임' 6학년 실과 (교학사, 금성, 동아, 미래엔) '발명과 로봇' 단원

우리나라에는 가로 2.42미터, 세로 2.45미터, 높이 1.3미터 크기에 다리가 6개 달린 해양 탐사 로봇이 있어요. 바로 게를 닮은 '크랩스터'입니다. 바다에서 최대 200미터 깊이까지 들어가서 해양 탐사를 할 수 있으며, 앞다리 두 개를 팔처럼 이용해 물체를 들어 올릴 수 있습니다. 보통 수심이 200미터 이상 되는 심해(깊은 바다)는 수압이 강해서 물건이 찌그러질 수 있습니다. 또한 물의 흐름이 센 곳도 있습니다. 따라서 사람이 직접 들어가서 탐사를 하는 것이 매우 위험합니다. 그래서 개발된 것이 잠수 로봇입니다. 잠수 로봇은 수압과 해류를 버티며 안정적으로 움직여 해저 지형도를 만드는 데 필요한 자료나 심해 생물 자료를 수집할 수 있습니다.

엘룸
뱀 모양의 로봇입니다. 양 끝에 있는 카메라로 주변을 볼 수 있습니다. 수심 500미터 아래에서 최대 6개월이나 머물 수 있으며, 물이 강하게 흐르더라도 몸을 흔들며 제자리에서 버틸 수 있습니다.

싸이클롭

바닷속 모습을 입체 지도로 만들 수 있도록 정보를 수집하는 수중 촬영 로봇입니다. 기존의 다른 수중 로봇은 한쪽 방향으로만 이동이 가능했으나, 이 로봇은 앞, 뒤, 왼쪽, 오른쪽, 위, 아래로 이동이 가능합니다. 또한 비좁은 해저 터널도 탐험할 수 있습니다.

자율 수중 소형 로봇

카메라와 로봇 팔 등으로 해저 탐사를 할 수 있습니다.

크랩스터

우리나라에서 활용하고 있는 해저 탐사 로봇입니다. 깊은 바닷속을 걸어 다닐 수 있습니다. 로봇 팔로 필요한 것을 직접 채취할 수 있으며, 사람이 버티기 힘든 물의 압력을 견뎌 낼 수 있습니다.

미내로

우리나라 기술로 만든 해저 채광 로봇입니다. 수심 1,370미터 해역에서 주행할 수 있습니다.

화산을 탐사하는 로봇이 있나요?

교과 연계 4-2 과학 4단원 '화산과 지진' 5-1 과학 2단원 '온도와 열' 6학년 실과 (교학사, 금성, 동아, 미래엔) '발명과 로봇' 단원

현재에도 활동을 하고 있는 화산을 활화산이라고 합니다. 과학자들은 지질을 연구하기 위해 화산에 대한 자료가 필요합니다. 하지만 사람이 직접 가면 뜨거운 열과 유독 가스로 인해 목숨을 잃을 수 있습니다. 그래서 뜨거운 열을 견딜 수 있고, 사람에게 정보를 즉각적으로 전송할 수 있는 로봇을 이용해 화산을 탐사하고 있습니다.

로봇 '단테2'는 뜨거운 열을 견디며 화산으로 들어가 암석을 채취해 왔습니다. '로보보크'는 화산 근처에서 발생하는 가스와 암석을 수집합니다. '볼케이노봇'은 마그마가 지나가면서 만든 틈 사이를 직접 관측해서 연구팀에게 자료를 전송합니다. 과학자들은 화산 탐사 로봇 덕분에 화산의 폭발 원리와 마그마가 표면으로 이동하는 방법에 대해 더 깊이 연구할 수 있습니다.

단테2
1993년 미국 알래스카 스푸르 화산을 탐사하던 8명의 과학자들이 가스 때문에 목숨을 잃는 사건이 발생했습니다. 그래서 과학자들은 안전하게 스푸르 화산을 탐색하기 위해 '단테2'를 개발했습니다. 이 로봇은 화산의 높은 열을 견디며 용암 근처에 있는 돌을 가져왔습니다.

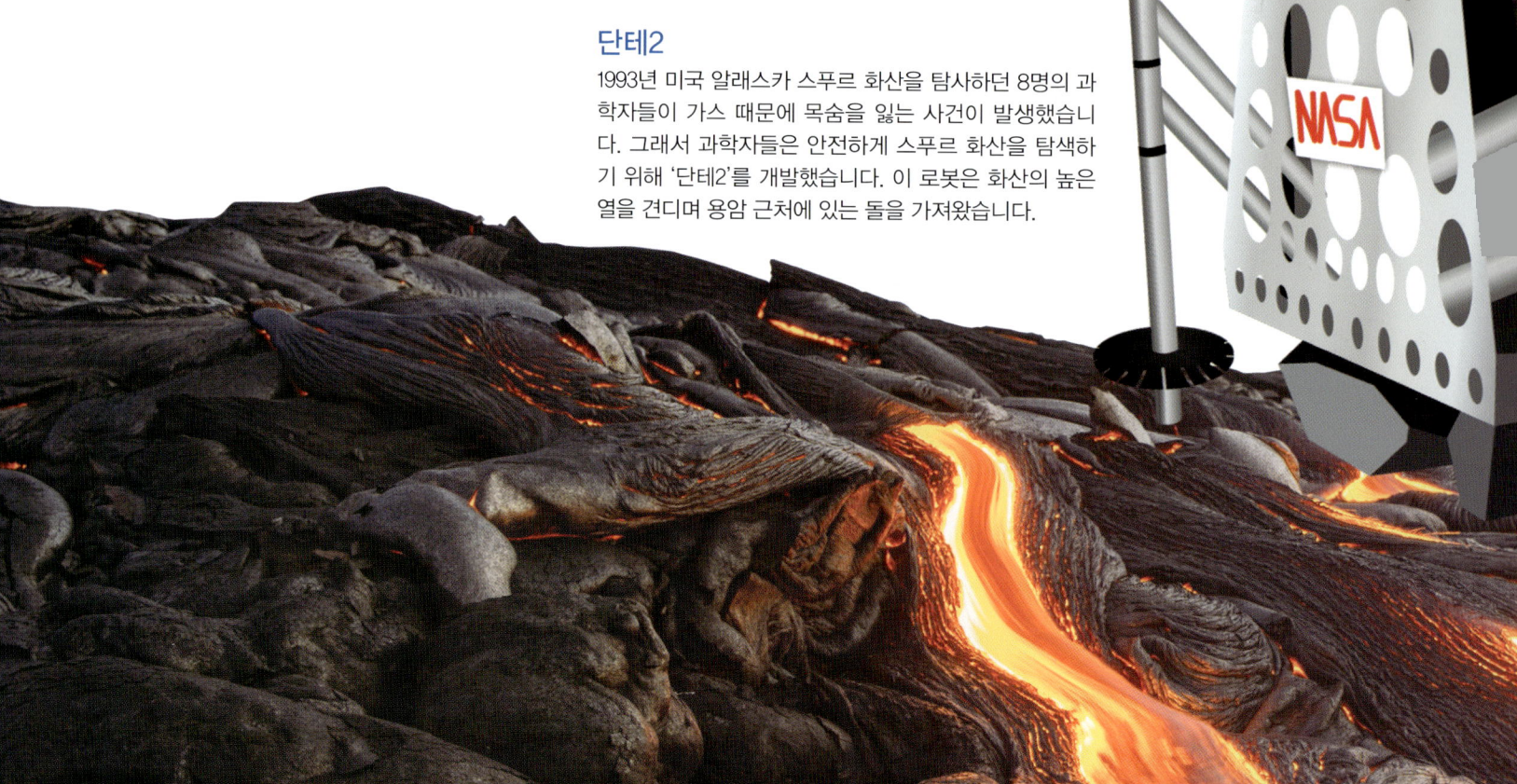

볼케이노봇

마그마가 지나가면서 만든 지형을 돌아다니며 탐색하는 로봇입니다. 높이 17.78센티미터, 길이 30.48센티미터인 볼케이노봇은 두 개의 바퀴로 이동합니다. 화산과 관련된 자료를 수집하고 연구원에게 보냅니다. 2014년에는 하와이 킬라우에아 화산의 표면 아래를 탐사했습니다.

로보보크

2000년부터 활약한 화산 탐사 로봇입니다. 각각 따로 움직이는 6개의 바퀴로 이동하며, 로봇 팔로 암석과 가스를 수집합니다. 적외선 카메라와 레이더로 가스가 바람에 날리는 속도와 방향을 측정할 수 있습니다.

사람이 들어갈 수 없는 곳에서 일하는 로봇이 있나요?

교과 연계 6학년 실과 (교학사, 금성, 동아, 미래엔) '발명과 로봇' 단원

사람이 들어가기 무척 좁은 곳을 탐사하고 연구해야 할 때가 있습니다. 사람의 장기 내부, 비좁은 파이프 라인, 기계 내부 등이지요. 이런 곳은 사람 대신 소형 로봇이 정보를 탐색하고 임무를 수행할 날이 멀지 않았습니다. '엔도큘러스'는 사람 내장 안에 들어가 사진을 촬영하고, 건강 검진에 필요한 샘플을 채취할 수 있습니다. 자율적으로 움직이는 기능을 강화하고 난 후에 병원에서 활약할 것입니다. '로보플라이'는 별도의 배터리 없이 빛을 받으면 날 수 있는데, 나중에 탐사 임무를 수행할 때 사용될 것으로 보입니다. 초소형 로봇인 '해머주니어'는 여러 대가 협동이 가능하기 때문에 비좁은 곳에서 작은 물건을 옮길 수 있습니다. 앞으로 수색, 점검하는 데 활용될 것입니다.

옥토봇
문어처럼 흐물흐물한 연체 로봇입니다. 이곳저곳 자유롭게 움직일 수 있으며, 비좁은 구멍으로 들어갔다가 나올 수도 있습니다. 로봇이 더 큰 힘을 낼 수 있게 된다면, 머지않아 감시 활동이나 구조 활동에 활용될 것입니다.

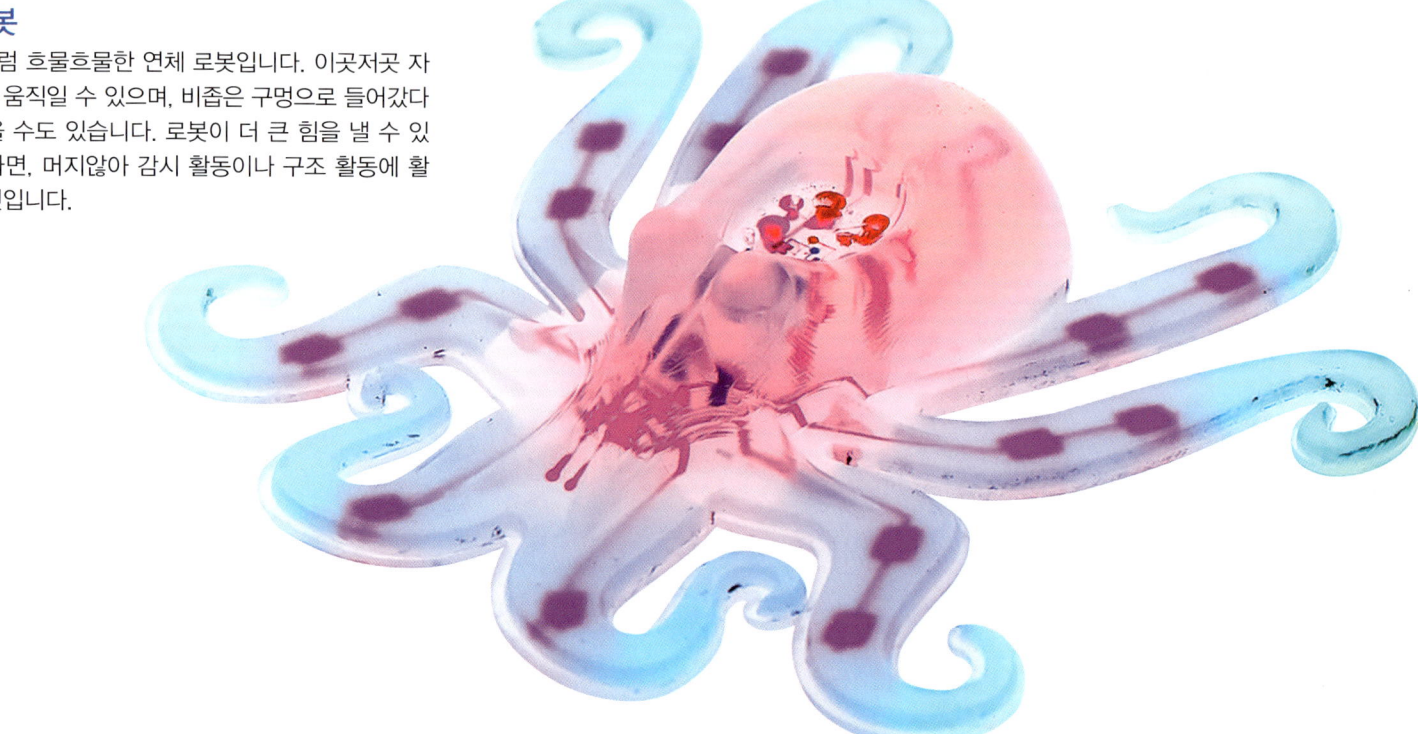

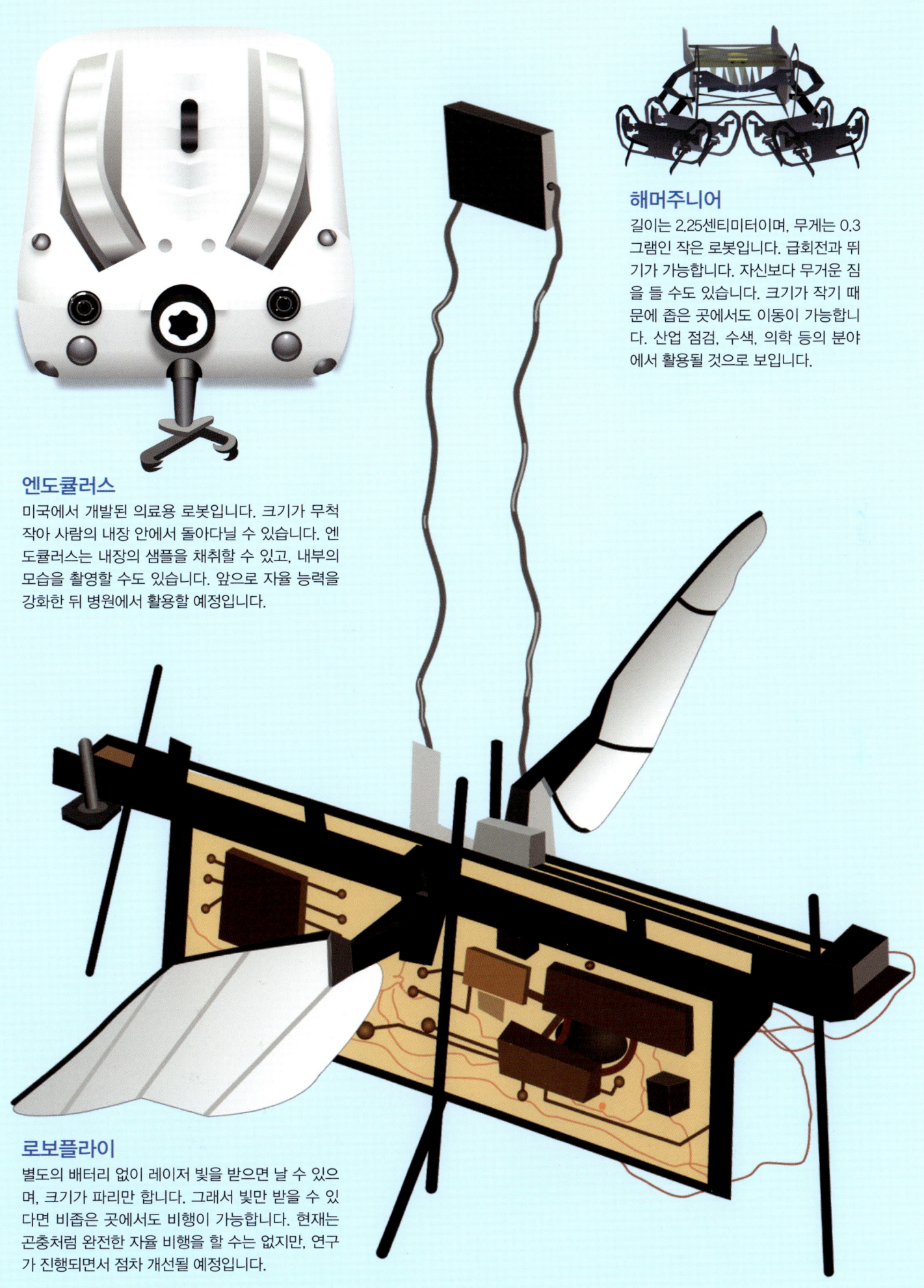

해머주니어
길이는 2.25센티미터이며, 무게는 0.3그램인 작은 로봇입니다. 급회전과 뛰기가 가능합니다. 자신보다 무거운 짐을 들 수도 있습니다. 크기가 작기 때문에 좁은 곳에서도 이동이 가능합니다. 산업 점검, 수색, 의학 등의 분야에서 활용될 것으로 보입니다.

엔도큘러스
미국에서 개발된 의료용 로봇입니다. 크기가 무척 작아 사람의 내장 안에서 돌아다닐 수 있습니다. 엔도큘러스는 내장의 샘플을 채취할 수 있고, 내부의 모습을 촬영할 수도 있습니다. 앞으로 자율 능력을 강화한 뒤 병원에서 활용할 예정입니다.

로보플라이
별도의 배터리 없이 레이저 빛을 받으면 날 수 있으며, 크기가 파리만 합니다. 그래서 빛만 받을 수 있다면 비좁은 곳에서도 비행이 가능합니다. 현재는 곤충처럼 완전한 자율 비행을 할 수는 없지만, 연구가 진행되면서 점차 개선될 예정입니다.

사람 대신 위험한 곳을 갈 수 있는 로봇이 있나요?

교과 연계 3~6학년 체육 (교학사, 지학사, YBM, 금성, 동아) '안전' 단원 6학년 실과 (교학사, 금성, 동아, 미래엔) '발명과 로봇' 단원

핵 보관 시설에서 방사능이 유출되면 주변의 생물들은 병에 걸리거나 생명의 위협을 받을 수 있습니다. 가까운 미래에는 방사능 유출 사고를 해결하기 위해 '암스트롱' 로봇이 출동할 것입니다. 우리나라 한국원자력연구원에서 개발되었으며, 현재 테스트 중인 암스트롱 로봇은 방사능이 있는 곳에서 버틸 수 있는 로봇입니다. 한쪽 팔당 100킬로그램씩 들 수 있으며, 강력한 힘으로 문을 부술 수 있습니다. 파이프를 조립하고, 밸브를 돌릴 수 있기 때문에 원전 사고가 났을 때 유용하게 활용할 수 있습니다.

한국원자력연구원에서는 4종의 원자력 로봇도 개발했습니다. 핵연료 점검 로봇, 원자로 용기 검사 로봇 팔, 원자로 해체 로봇 팔, 무인 정찰 로봇입니다. 이중 핵연료 점검 로봇은 핵연료 저장 수조에서 자율적으로 움직일 수 있으며, 내부의 상황을 정확하게 관찰할 수 있습니다.

이 외에도 사람 대신 위험한 곳에서 활약할 로봇이 개발되고 있습니다. 사람이 들어갈 수 없는 위험한 재난 현장이나, 사람이 가기 어려운 우주에 대신 가서 위험하고 복잡한 일을 수행할 수 있는 '아바타 로봇(interActive and intuitiVe control interfAce for a Tele-operAted Robot)', 미끄럽고 지저분한 하수도를 돌아다니며 문제가 있는지 점검하는 '애니말', 바다에 있는 배관 속을 돌아다니면서 배관 상태를 확인하는 '프라임' 등입니다. 위험한 장소에 가 사람 대신 일을 해 주는 로봇! 우리에게는 없어서는 안 될 고마운 존재입니다.

배관 로봇
원격 제어 로봇으로 배관의 내부 상태를 확인합니다. 지하에 매설된 배관 내부를 로봇이 대신 살펴봄으로써 사람들은 위험한 상황을 피할 수 있습니다.

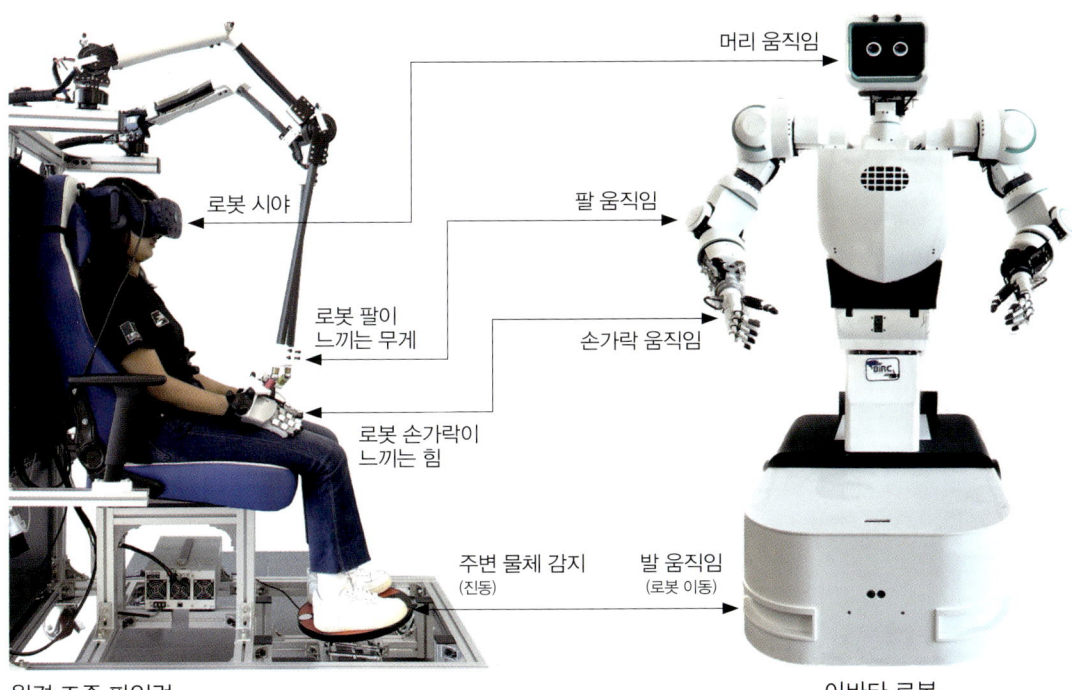

원격 조종 파일럿   아바타 로봇

아바타 로봇
(inter**A**ctive and intuiti**V**e control interf**A**ce for a **T**ele-oper**A**ted **R**obot)

UNIST 기계공학과의 BiRC(Bio-Robotics and Control) 실험실에서 개발하였습니다. 원거리에 있는 로봇을 사람이 자신의 움직임을 이용하여 움직이고, 로봇이 느끼는 힘, 시각, 청각 정보 등을 사람이 똑같이 느끼게 하여, 마치 사람이 로봇이 있는 곳에 있는 것처럼 느낄 수 있도록 원격 존재를 만들 수 있는 로봇 시스템입니다. 아바타(AVATAR) 시스템을 통해 사람이 들어갈 수 없는 위험한 재난 현장이나, 사람이 가기 어려운 우주에 로봇이 대신 가서 위험하고 복잡한 일을 수행할 수 있습니다.

애니말
발바닥에 있는 촉각 센서를 이용해 하수도의 상태를 점검할 수 있는 로봇입니다. 좁은 계단을 오르내릴 수 있으며, 자율 주행이 가능합니다. 조만간 상용화 될 예정입니다.

배관 청소 로봇
한국로봇융합연구원 안전로봇실증센터에서 열린 우수 기술 설명회에서 선으로 연결된 로봇이 상수도관 배관을 물로 청소하는 모습입니다.

전쟁에 사용되는 로봇이 있나요?

교과 연계 3-1 국어 2단원 '문단의 짜임' 6학년 실과 (교학사, 금성, 동아, 미래엔) '발명과 로봇' 단원

미래에는 로봇이 전쟁터에 나설지도 몰라요. 사람이 직접 전장에 나가지 않더라도 로봇을 이용하면 적군을 공격하고, 건물을 파괴하는 임무를 수행할 수 있습니다.
현재에도 전쟁에 언제든지 투입할 수 있는 로봇을 훈련 상황에 활용하고 있습니다. '우란'이라는 전차 로봇은 사람이 원격으로 조종하여 적을 제압합니다. '블로우피시'라는 로봇은 공중을 날 수 있으며 공격 목표를 단번에 제거합니다.
군사 목적으로 사용되는 로봇이 발전되는 만큼 사람들의 걱정도 커지고 있습니다. 로봇에게는 감정이 없으며, 많은 사람을 해치울 수 있기 때문입니다. 우리는 전투 로봇을 지뢰 제거 로봇처럼 사람을 보호해 주는 역할을 할 수 있도록 개발하는 것이 좋겠습니다.

군용 차량 로봇
독일에서 만든 군용 차량 로봇입니다. 아직 실전 배치 되지는 않았습니다. 군용 차량 로봇은 전쟁이 났을 때 군대의 전방에서 달리면서 안전한 진군 루트를 확보 하는 '방패' 역할과 정보 수집, 병참 지원, 병사를 엄호 하기 위한 공격 등의 일을 하게 됩니다. 현재 이스라엘 에서 장애물을 피하는 기능을 가진 완전 자율 주행 군 용 차량 로봇을 실전에 배치하였습니다.

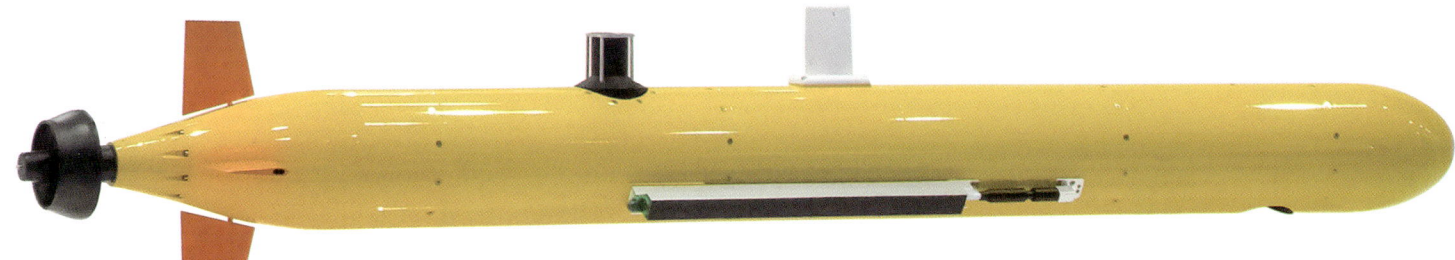

수중 자유 기뢰 탐색체
바다나 호수에 떠 있다가 배가 지나갈 때 터지는 폭발물을 '기뢰'라고 합니다. 수중 자유 기뢰 탐색체는 장애물을 피하고, 기뢰를 탐색하는 기능이 있습니다. 이뿐만 아니라 물속을 감시하는 임무도 수행할 수 있어서 전쟁이 일어났을 때 많은 인명 피해를 줄일 수 있습니다.

군사 드론
군사 드론은 총기를 장착하고 공격 명령이 전송되면 무기를 이용해 정해진 목표물을 제거합니다.

폭발물 제거 로봇
폭발물을 탐지하고 제거하는 로봇입니다. 위험 지역을 정찰하다가 폭발물을 발견하면 총으로 쏘아서 작동하지 않게 합니다. 케이블 절단기를 이용해 폭발물에 연결된 전선을 절단한 뒤, 집게 팔로 폭발물을 이동시킵니다.

바란
X선 기계로 지뢰를 탐지하여 제거하는 지뢰 제거 로봇입니다.

빙하가 있는 추운 지역을 탐사하는 로봇이 있나요?

교과 연계 6학년 실과 (교학사, 금성, 동아, 미래엔) '발명과 로봇' 단원

추운 날에 휴대폰 배터리가 평상시보다 빨리 소진되는 것을 경험한 적이 있나요? 로봇도 휴대폰처럼 추운 지역에서 활동하면 배터리가 빨리 소진됩니다. 따라서 추운 지역을 탐사하는 로봇은 일반 로봇보다 배터리 성능이 더 뛰어나야 합니다. 이 외에도 얼음에 미끄러지지 않는 기능, 웅덩이에 빠져도 고장이 나지 않는 방수 기능을 갖춰야 하지요. 현재 개발된 로봇 중 '브루이'라는 로봇은 몸체에 있는 날카로운 부분을 얼음에 박으면서 이동하기 때문에 미끄러지지 않습니다. '아이스 웜'은 얼음으로 된 벽을 오르내릴 수 있는데 곧 실전에 투입될 예정입니다. 이 로봇들은 미래에 남극과 북극뿐만 아니라 다른 행성의 얼음 지역도 탐험할 수 있을 것입니다.

아이스 웜

미항공우주국인 나사에서 개발한 아이스 웜은 남극 대륙에서 두 번째로 높은 활화산인 에러버스산을 탐험하기 위해 만들어진 로봇입니다. 이 산에 있는 터널은 이산화탄소가 많아 사람이 들어가면 숨을 잘 쉬지 못합니다. 그래서 사람을 대신할 로봇을 만든 것입니다. 아이스 웜은 나사를 박았다가 푸는 방식으로 얼음으로 뒤덮인 벽을 오를 수 있습니다. 그리고 빙벽을 오르면서 수집한 자료를 3차원 지도로 만들 수 있습니다. 세인트 헬렌산 빙벽에서 테스트를 받았으며, 곧 실제 탐사 임무에 투입될 것입니다.

예티
극지방에는 빙하가 쪼개진 틈이 많은데 이를 크레바스라고 합니다. 사람이 크레바스에 빠지면 목숨을 잃거나, 치명상을 입을 수 있습니다. 예티는 크레바스를 찾아내고, 사람들이 안전하게 이동할 수 있도록 도와주는 로봇입니다. 극지방에서 많이 활용되고 있습니다.

브루이
얼음의 아래쪽 면에 붙어서 돌아다닐 수 있는 로봇입니다. 브루이는 물에 뜰 정도로 가벼우며, 몸통에는 촬영을 할 수 있는 수중 카메라가 달려 있습니다. 남극의 얼음 아래쪽 부분을 탐험했으며, 미래에는 다른 행성의 얼음 바다를 탐험할 때 사용될 예정입니다.

노마드
다양한 지형 조건에서 주행이 가능한 로봇입니다. 1997년에는 칠레의 아타카마 사막을 횡단하였고, 2000년에는 남극을 돌아다니며 운석을 식별하는 임무를 수행하였습니다. 4륜 구동 바퀴를 이용해 얼음 위에서도 미끄러지지 않고 잘 돌아다닐 수 있습니다.

화재 현장에서 활약하는 로봇이 있나요?

교과 연계 3~6학년 체육 (교학사, 지학사, YBM, 금성, 동아) '안전' 단원 6학년 실과 (교학사, 금성, 동아, 미래엔) '발명과 로봇' 단원

화재 현장 주변은 매우 뜨겁고 유독 가스가 많이 나오기 때문에 안전 장비를 갖춘 소방관에게도 무척 위험합니다. 화재를 진압할 수 있는 로봇이 소방관 대신 투입된다면 얼마나 좋을까요? 미국에서는 이미 화재 진압 로봇을 화재 현장에서 활용하고 있습니다. '터마이트 RS3'은 화재 진압에 방해되는 장애물을 치우면서 이동할 수 있습니다. '파이어 옥스'는 높은 온도를 견디며, 불이 난 곳에 정확히 물을 쏩니다. 프랑스에서는 노트르담 성당에 불이 났을 때 '콜로서스' 소방 로봇으로 화재를 진압했습니다. 우리나라에서 개발한 '호야로봇'은 소방관이 가지 못하는 위험한 곳을 탐색하며 유해 가스, 연기, 온도 등의 정보를 제공합니다. 현재 대구에서 시범적으로 활용하고 있습니다. 화재 현장에 로봇을 많이 사용한다면, 소방관들의 안전은 물론 화재 피해도 효과적으로 줄일 수 있을 것입니다.

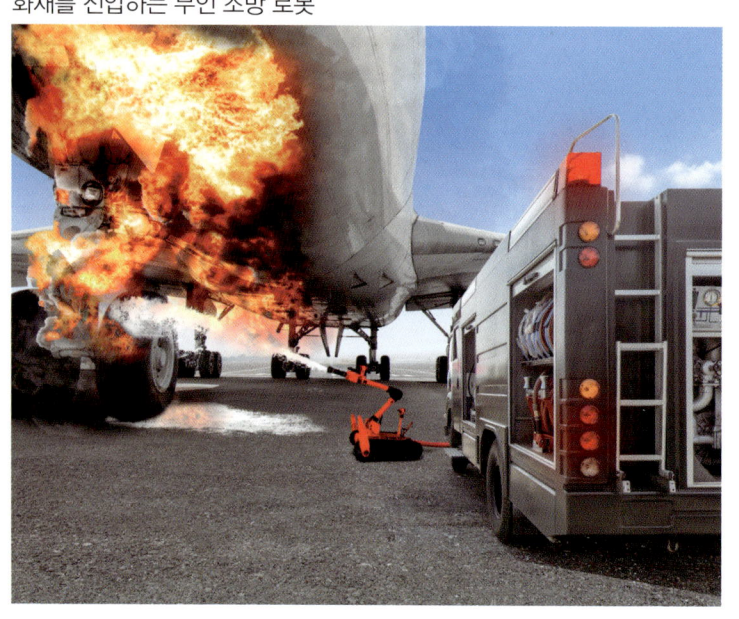

화재를 진압하는 무인 소방 로봇

터마이트 RS3
미국의 화재 진압용 로봇인 터마이트 RS3의 화재 진압 시범 장면입니다. 장애물을 치우면서 전진하고 강력한 물대포를 이용해 불을 끌 수 있습니다. 물을 1분에 9,500리터나 내뿜을 수 있어서 석유 저장소, 가스 저장소, 화학 약품 보관소처럼 폭발 가능성이 큰 곳에서 뛰어난 활약을 펼칠 것으로 보입니다.

콜로서스
높은 온도를 견딜 수 있으며, 불이 난 지점에 물대포를 정확하게 쏠 수 있습니다. 화재 현장에서 물체를 운반하고 사람을 이송할 수 있습니다. 프랑스에서 노트르담 성당이 불에 타고 있을 때 콜로서스가 소방관을 도와 화재를 진압했습니다.

파이어 옥스
물탱크를 갖추고 있어서 따로 소방 호스를 연결하지 않아도 되는 로봇입니다. 산, 들판 같은 야외에서 불이 났을 때 이동하면서 화재를 진압할 수 있습니다. 300킬로미터나 떨어진 먼 곳에서도 사람이 통제를 할 수 있기 때문에 오지에서도 활약할 수 있습니다.

호야로봇
불이 난 현장에서 구조가 필요한 사람이 있는지, 구조원을 보내도 안전할지 탐색하는 로봇입니다. 유해 가스, 연기, 온도 등과 관련된 정보를 소방관에게 실시간으로 제공합니다. 160도의 온도를 버틸 수 있습니다. 우리나라 대구에서 시범 운영 중입니다.

화재 진압 로봇
소방관이 진입하기 어려운 지하나 좁은 골목길, 붕괴 위험이 있는 시설물 등에 진입하여 화재 상황을 점검하고, 진압하는 소방 로봇입니다. 조정은 원격으로 이루어집니다.

단단한 땅을 파는 로봇이 있나요?

교과 연계 3-2 과학 3단원 '지표의 변화' 6학년 실과 (교학사, 금성, 동아, 미래엔) '발명과 로봇' 단원

우리는 건물을 짓거나 지하자원이 묻혀 있는 지역을 탐사할 때 땅을 파야 합니다. 땅을 파다 보면 굉장히 단단한 암석이 있거나 물이 나와서 문제가 생기는 경우가 있습니다. 이때 로봇을 활용한다면, 보다 편하게 땅을 팔 수 있습니다.

우리나라에서 개발한 '몰봇'은 두더지처럼 땅을 파면서 장애물을 피해 다닐 수 있는 로봇입니다. 보통 땅을 팔 때는 땅에서 나오는 물을 빼낼 수 있는 펌프, 배관 등을 갖추어야 하는데, 이 로봇은 모든 기능을 한 몸에 갖추고 있어서 별도의 장비가 필요하지 않습니다. 가까운 미래에 지하자원을 탐사할 때 '몰봇'이 사용될 것입니다.

중국에서는 위험 지역에서 석탄을 채굴할 때 굴진 로봇을 이용합니다. 천장이 붕괴되었을 때 인명 피해를 줄이기 위해서지요.

미국에서는 지렁이처럼 자유자재로 땅을 파고 돌아다닐 수 있는 소프트 로봇, 달이나 화성에서 사람 대신 안전하게 땅을 팔 수 있는 로봇 등을 개발 중입니다.

굴진 로봇
석탄을 채굴하기 위해 땅을 파는 로봇입니다. 채굴하는 장소의 지반이 약해 천장이 무너질 수 있는 위험한 곳에서 사람 대신 일을 합니다. 한 달 동안 1,200~1,500미터의 땅을 팔 수 있으며 현재 중국의 채굴 현장에서 활약하고 있습니다.

몰봇

우리나라에서 개발한 땅 파는 로봇입니다. 두더지처럼 장애물을 피해 다니며 땅을 팔 수 있습니다. 보통 땅을 팔 때는 펌프, 배관 등 다양한 기계 장비를 갖추어야 하지만 '몰봇'은 이 모든 것을 한 몸에 갖추고 있어서 다른 장비가 별도로 필요하지 않습니다. 조만간 지하자원 탐사를 할 때 사용될 예정입니다.

광부 로봇

레이저

미항공우주국(NASA)은 2024년부터 2028년까지 사람을 달 표면에 보내는 프로젝트를 추진하고 있습니다. 사람이 달에서 건물을 세우기 위해서는 땅을 팔 수 있는 장비가 필요합니다. 그래서 '레이저' 로봇을 이용해 땅을 파고, 이 과정에서 나온 돌가루를 다른 곳으로 옮기는 기능을 테스트 중입니다. 달과 화성을 탐사할 때 사용될 가능성이 큽니다.

하늘을 자유롭게 나는 로봇이 있나요?

교과 연계 3-2 과학 2단원 '동물의 생활' 6학년 실과 (교학사, 금성, 동아, 미래엔) '발명과 로봇' 단원

미래에는 하늘을 나는 드론이나 로봇을 흔하게 볼 수 있을 것입니다. 연구원들은 날 수 있는 로봇을 만들기 위해 자연의 생물체를 관찰하고 분석합니다. 이미 새의 특성을 반영한 '바이오닉 스위프트', 잠자리의 특성을 반영한 '바이오닉 옵터', 흡혈박쥐를 모방한 '달러' 등의 로봇을 개발해서 우리 실생활에 어떻게 도움이 될 수 있을지 연구하고 있습니다. 이들 로봇들은 각각의 생물이 가진 특성을 이용하여 자유롭게 하늘을 날아다닐 수 있습니다.

최근 과학 기술이 발전하면서 하늘을 날아다니는 로봇에 우수한 기능이 추가되고 있습니다. 예를 들어 '드론 DS30W'는 기존 드론과는 달리 강풍을 버틸 수 있고, 수소 연료를 이용해 최대 60킬로미터 떨어진 곳까지 날아갈 수 있습니다. 앞으로는 날씨에 영향을 받지 않고 안전하게 비행할 수 있는 로봇도 개발될 것입니다.

달러
흡혈박쥐를 모방한 로봇입니다. 하늘을 자유롭게 날다가 원하는 지형에 착륙합니다. 날개를 접어 발처럼 사용하며 이곳저곳을 걸어 다닐 수 있습니다. 지상과 공중을 넘나들며 어떤 극한 지역이든 갈 수 있습니다. 머지않은 미래에 험난한 곳을 탐색하고, 인명 구조를 돕는 데 투입될 예정입니다.

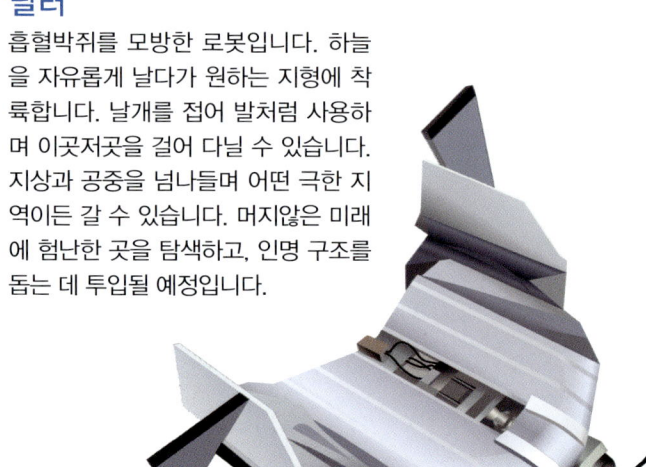

바이오닉 옵터
잠자리의 복잡한 비행 특성을 모방한 로봇입니다. 사방으로 날아다닐 수 있으며, 제자리에서 떠 있을 수도 있습니다. 갑작스러운 가속과 회전이 가능하며 뒤로도 비행이 가능합니다. 로봇에 사용된 부품들이 소형화되어 있어 무게가 175그램밖에 되지 않습니다. 과학자들이 비행 방법을 연구하기 위해 개발했습니다.

드론 DS30W
우리나라 두산모빌리티이노베이션이 개발한 수소 드론입니다. 초속 15미터의 강풍을 버티며 하늘을 날 수 있습니다. 수소를 연료로 쓰며, 최대 60킬로미터 떨어진 곳까지 날아갈 수 있습니다. 향후 도시가스 배관이나 해상 풍력 단지처럼 사람이 접근하기 힘든 곳의 시설물을 안전 점검할 때 활용할 계획입니다.

바이오닉 스위프트
자율 비행이 가능한 새 모양의 로봇입니다. 실제 새처럼 날갯짓을 하며, 오랫동안 비행이 가능합니다. 바람과 열 등의 외부 환경을 받아 비행 경로를 벗어나면 다시 스스로 제자리로 돌아갑니다. 과학자들이 자율 비행과 무선 통신 기술을 연구하기 위해 개발했습니다.

무거운 짐을 옮기는 로봇이 있나요?

교과 연계
5학년 실과 (교학사) '수송 기술과 우리 생활' 단원, (동아) '수송과 생활' 단원, (금성) '수송 기술과 안전 관리' 단원, (미래엔) '생활과 수송' 단원
6학년 실과 (교학사, 금성, 동아, 미래엔) '발명과 로봇' 단원

영차영차! 짐을 옮기는데 너무 무거워요. 누군가의 도움이 필요해요!
앞으로는 무거운 짐을 들거나 옮겨 주는 로봇이 우리를 도와줄 것입니다.
지금도 일부 택배나 마트의 물류 창고에서는 로봇이 짐을 옮기고 있습니다.
우리나라 택배 회사에서는 '디팔레타이저' 로봇을 사용하고 있습니다.
인공 지능이 탑재되어 있기 때문에 상자가 흩어져 있거나 크기가 다르더라도
정해진 곳에 정확히 옮길 수 있습니다. 미국에서는 짐이 실린 선반 자체를
들어 올려 정해진 장소에 옮길 수 있는 '키바' 로봇을 활용하고 있습니다.
'스트레치'와 '핸들' 로봇은 로봇 팔 끝부분에 있는 흡착식 패드를 이용해
짐을 옮길 수 있는데 조만간 여러 물류 창고에서 사용될 예정입니다.

디팔레타이저
공장에서 사용되는 대부분의 로봇 팔은 상자의 크기가 일정하고, 똑같은 위치에 있어야 물건 옮기는 작업이 가능했습니다. 하지만 '디팔레타이저'는 인공 지능 기술이 탑재되어 있어서 상자의 크기가 일정하지 않고, 나란히 정렬되어 있지 않아도 들어 올리고 옮길 수 있습니다. 한 번에 최대 20킬로그램까지 들 수 있으며, 1시간에 평균 700상자를 옮길 수 있습니다. 우리나라 택배 회사인 'CJ대한통운'에서 활약하고 있습니다.

키바
물류 창고에서 짐이 실린 선반을 옮기는 로봇입니다. 약 340킬로그램의 무게까지 들 수 있습니다. 사람보다 빠른 속도로 짐을 옮깁니다. 세계 최대의 온라인 유통업체 '아마존'은 미국의 트레이시 물류 센터에서 '키바'를 활용한 덕분에 연평균 물류 비용의 40%를 절감할 수 있었습니다. 물류 센터 내부에 조명을 켜거나 냉난방을 작동시킬 필요가 없었기 때문이지요.

핸들
미국 '보스턴다이내믹스'사에서 개발한 하역 로봇입니다. 흡착식 패드를 이용해 짐을 들어 올립니다. 이동할 때는 두 바퀴를 이용하는데 전선, 배관 같은 장애물이 있어도 점프해서 짐을 옮길 수 있습니다. 가까운 미래에 산업 현장에서 보게 될 것입니다.

상자 하역 로봇
물류 창고에서 하루 종일 상자를 옮겨 싣는 일을 하는 로봇입니다. 로봇 팔 끝부분에 있는 흡착식 패드를 이용해 최대 25킬로그램의 짐을 들어 올릴 수 있습니다. 로봇 팔 옆에 있는 센서로 컨테이너의 장애물과 짐의 위치를 스캔한 뒤, 상황에 맞추어 움직입니다. 시간당 최대 800개의 상자를 운반할 수 있습니다. 미국의 '보스턴다이내믹스'사에서 개발한 '스트레치'가 대표적입니다.

방역을 도와주는 로봇이 있나요?

교과 연계 3~6학년 체육 (교학사, 지학사, YBM, 금성, 동아) '건강' 단원 6학년 실과 (교학사, 금성, 동아, 미래엔) '발명과 로봇' 단원

"방역 중입니다. 잠시 비켜 주세요!"
우리가 이용하는 특정한 공간을 세균이나 바이러스로부터
안전하게 만들어 주기 위해 로봇이 활약하고 있습니다.
'키미' 로봇은 우리나라 용인 세브란스 병원에서 활동하는 로봇입니다.
코로나19 바이러스의 감염을 막기 위해 사람의 얼굴을 보고
체온 측정을 하고, 마스크를 썼는지 확인합니다. 그리고 사람이
모여 있을 경우 사회적 거리를 유지하라고 음성 안내를 합니다.
'두산 M1013' 로봇은 잠실 야구장에서 사람과 함께
소독제를 뿌리며 방역 작업을 하고 있습니다.
'LG 클로이 살균봇'은 자율 주행 기능으로 이곳저곳을 돌아다니며
UV-C 램프로 살균 작업을 합니다. 우리나라와 미국에서
판매하고 있습니다.

두산 M1013
원래 산업 현장에서 일하는 로봇이었으나 자율 주행이 가능하도록 개조하여 방역 작업에 사용하고 있습니다. 우리나라 지하철 청계산 역에서 방역 작업을 한 적이 있으며, 잠실 야구장에서는 사람과 함께 꾸준히 소독 작업을 하고 있습니다.

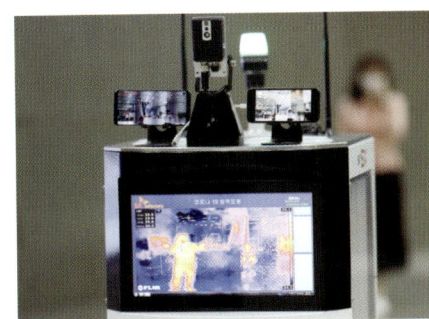

코로나19 방역 로봇

SK텔레콤이 한국오므론제어기기와 함께 개발한 5G, 자율 주행, 사물 인터넷 센서 등의 기술을 탑재한 인공 지능 방역 로봇입니다. 체온 검사, 자외선 램프 살균, 손 소독제 등을 제공합니다. 서버와 실시간으로 데이터를 주고받을 수 있습니다.

LG 클로이 살균봇

자율 주행과 장애물 회피가 가능한 살균 로봇입니다. 100~280나노미터 파장의 자외선인 UV-C 램프를 이용해 사람의 손이 닿는 물건의 표면을 살균하는 기능이 있습니다. 호텔, 학교, 병원, 사회 복지 시설 등의 건물을 방역하는 데 유용한 로봇입니다.

방역 로봇

인공 지능(AI)을 탑재한 방역 로봇입니다. 자율 주행으로 공간을 이동하며 방역 소독을 합니다.

물과 땅을 오갈 수 있는 로봇이 있나요?

교과 연계 3-1 국어 2단원 '문단의 짜임' 6학년 실과 (교학사, 금성, 동아, 미래엔) '발명과 로봇' 단원

땅뿐만 아니라 물에서도 자유롭게 돌아다니는 로봇이 있다는 것을 알고 있나요? 미국에서 판매되고 있는 '가드봇'은 육지와 물 위를 구르며 돌아다닐 수 있습니다. 360도 회전이 가능해서 자유자재로 움직일 수 있으며, 양쪽에 장착된 감시 카메라와 마이크를 통해 주변을 촬영할 수 있습니다. 현재 과학자들이 연구 중인 '벨록스'라는 로봇은 자갈, 진흙, 얼음 위, 물속 등 장소에 구애받지 않고 이곳저곳을 다닐 수 있습니다. 금속 탐지기와 카메라를 이용해 바닷속 탐사도 가능합니다. 앞으로 해양 정찰 및 감시에 활용될 예정입니다.
이런 로봇들은 장소에 제한을 받지 않기 때문에 앞으로 감시, 보안 등의 중요 업무를 맡게 될 것입니다.

벨록스
지느러미를 이용해 자갈, 진흙, 물속, 얼음 위 등 여러 지형을 돌아다닐 수 있는 로봇입니다. 장소에 구애받지 않고 이동할 수 있기 때문에 해안 부근에서 정찰이나 감시 활동을 할 때 활용될 예정입니다.

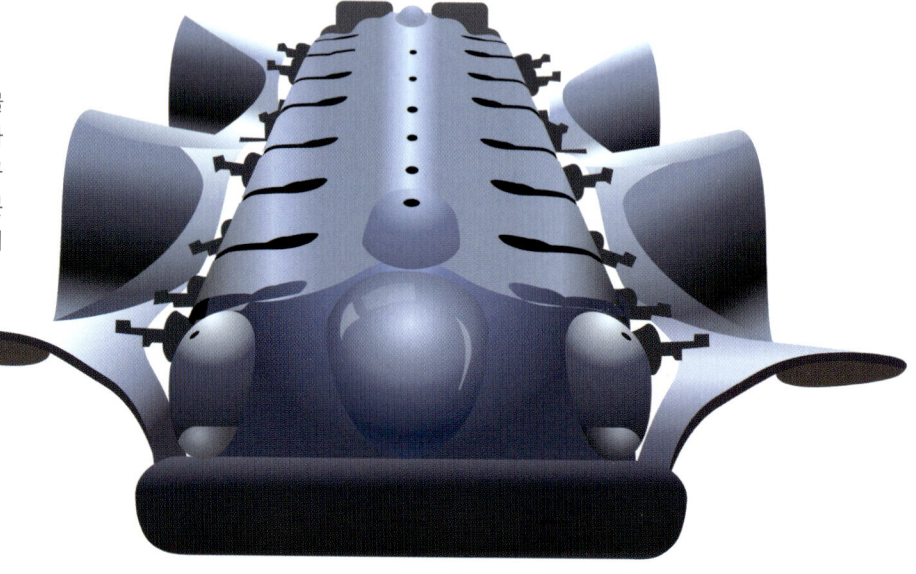

가드봇
육지와 물 위를 구르며 돌아다닐 수 있는 감시 정찰 로봇입니다. 다양한 지형을 자유롭게 돌아다니며 감시, 보안, 인명 구조 등 여러 임무를 수행할 수 있습니다. 현재 미국에서 판매되고 있으며 우리나라 돈으로 1억 원이 넘습니다.

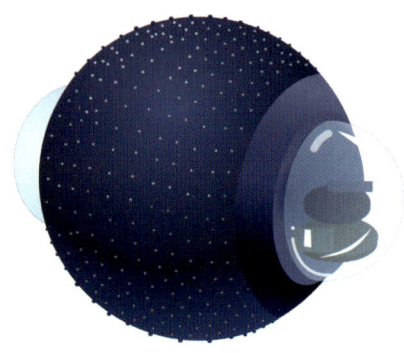

부록

세계적인 로봇 공학자 데니스 홍의
차이나는 로봇 세상

데니스 홍 (홍원서 | Dennis Hong)

미국 캘리포니아 대학교 로스앤젤레스 캠퍼스(UCLA) 기계항공공학과 교수
로멜라(RoMeLa : Robotics & Mechanisms Laboratory) 로봇 매커니즘 연구소장

주요 수상 내역

국제로봇학회 IROS 안전·보안 및 재난 구조 로봇 최우수 논문상 • 국제 휴머노이드 컨퍼런스 최우수 논문상 • 유비쿼터스 지능 로봇 국제학술대회 선정 최우수 논문상 • 제5회 협성사회공헌상 • Alumni Award, Korean Wisconsin Alumni Association • 로보컵 우승 및 루이비통 휴머노이드컵 수상 • 타임지 선정 최고 발명품상 • 제8회 과학을 뒤흔드는 젊은 천재 10인에 선정 • 미국 자동차공학회 교육상(SAE Ralph R. Teetor Educational Award) • GM 젊은 연구자상 • 미국 국립과학재단 젊은 과학자상 • Gilbreth Lectureship NAE(National Academy of Engineering)

데니스 홍의 리얼 로봇 14

로봇 공학자 데니스 홍이 이끄는 로봇연구소 '로멜라'에서는
화재 진압 로봇, 재난 구조 로봇, 시각 장애인을 위한 자동차 등등
사람을 위한 따뜻한 로봇 기술을 개발하고 있습니다.
그중 똑똑하고 기상천외한 14개의 리얼 로봇을 소개합니다.

1 나비
NABi : Non-Anthropomorphic Biped

"로봇은 사람처럼 생겨야 한다."는 고정관념을 깨고 만들어 낸 새로운 2족 보행 로봇입니다. 지난 10년간 사람 형태의 휴머노이드 로봇을 연구해 왔지만, 사람처럼 걷는 휴머노이드 로봇은 너무 느리고, 너무 잘 넘어지고, 너무 복잡하고, 너무 비싸고, 너무 위험했습니다. 하지만 발레리나와 펜싱 선수의 움직임에서 영감을 얻어 로봇의 두 다리를 왼쪽과 오른쪽이 아닌, 앞과 뒤로 배치했더니 많은 문제를 해결할 수 있었습니다. 로봇의 발은 스프링 재질을 사용합니다. 주변의 환경으로부터 받는 에너지를 스프링에 저장하고, 다시 방출할 수도 있어 점프와 같은 역동적인 동작도 할 수 있습니다. 또 무릎을 연속적으로 360도로 돌릴 수 있게 설계해 계단과 높은 장애물도 쉽게 올라가고 넘어갈 수 있습니다.

2 다윈-OP
DARwIn-OP : Dynamic Anthropomorphic Robot with Intelligence-Open Platform

로봇 교육과 연구를 위한 지능형 휴머노이드 로봇 플랫폼으로 2004년부터 미국국립과학재단의 지원을 받아 개발되었습니다. 더 많은 연구자들이 쉽게 사용할 수 있도록 다윈-OP를 만드는 모든 정보를 '오픈 소스'로 공개하여 로봇 기술에 큰 발전을 가져왔습니다. 2011년, 2012년, 2013년에는 세계 로봇 축구 대회인 로보컵(RoboCup)에서 우승하기도 했습니다. 다양하고 역동적인 움직임뿐 아니라 귀여운 생김새와 똑똑한 지능으로 많은 사람들로부터 사랑을 받는 로봇입니다.

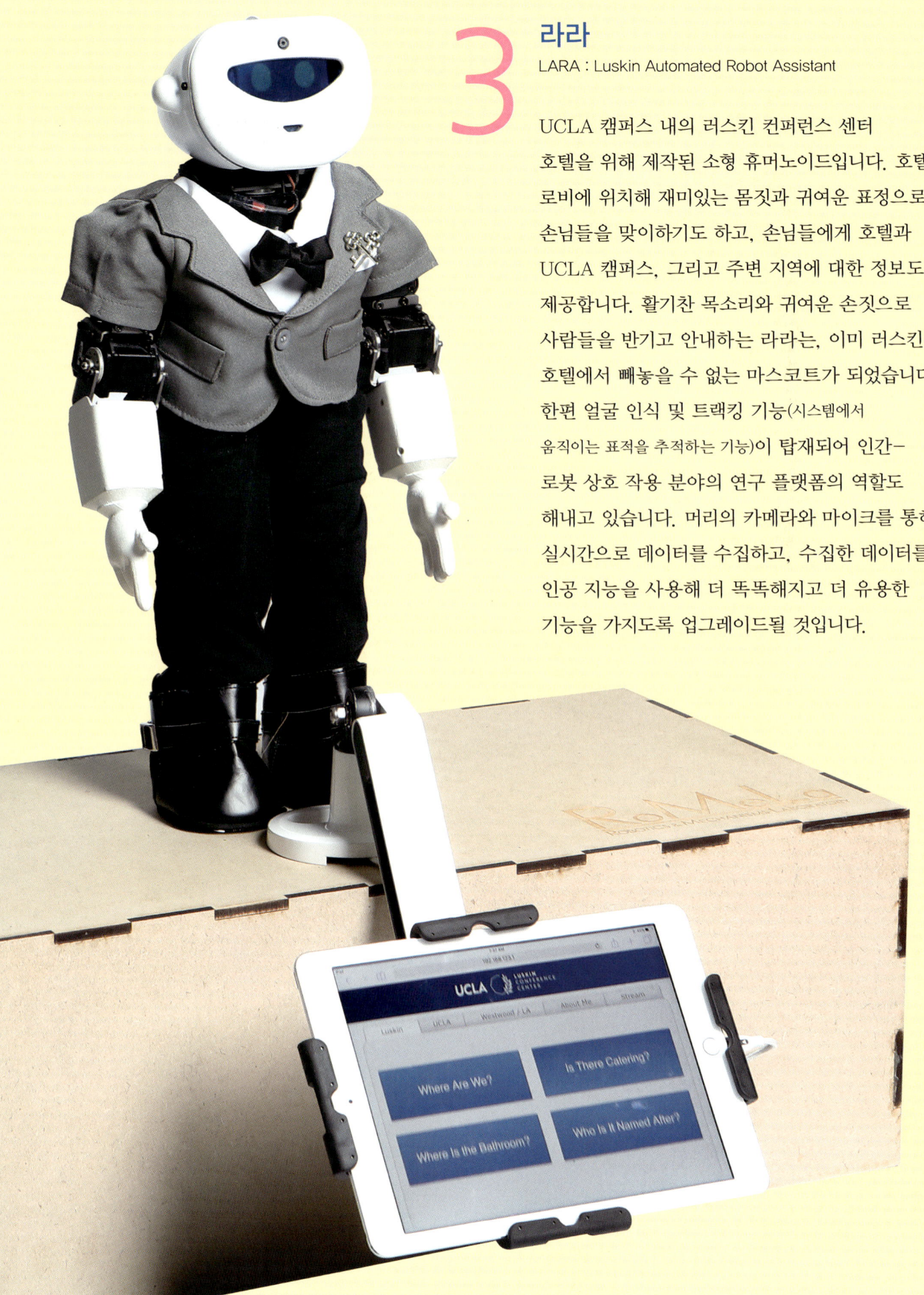

3 라라
LARA : Luskin Automated Robot Assistant

UCLA 캠퍼스 내의 러스킨 컨퍼런스 센터 호텔을 위해 제작된 소형 휴머노이드입니다. 호텔 로비에 위치해 재미있는 몸짓과 귀여운 표정으로 손님들을 맞이하기도 하고, 손님들에게 호텔과 UCLA 캠퍼스, 그리고 주변 지역에 대한 정보도 제공합니다. 활기찬 목소리와 귀여운 손짓으로 사람들을 반기고 안내하는 라라는, 이미 러스킨 호텔에서 빼놓을 수 없는 마스코트가 되었습니다. 한편 얼굴 인식 및 트랙킹 기능(시스템에서 움직이는 표적을 추적하는 기능)이 탑재되어 인간-로봇 상호 작용 분야의 연구 플랫폼의 역할도 해내고 있습니다. 머리의 카메라와 마이크를 통해 실시간으로 데이터를 수집하고, 수집한 데이터를 인공 지능을 사용해 더 똑똑해지고 더 유용한 기능을 가지도록 업그레이드될 것입니다.

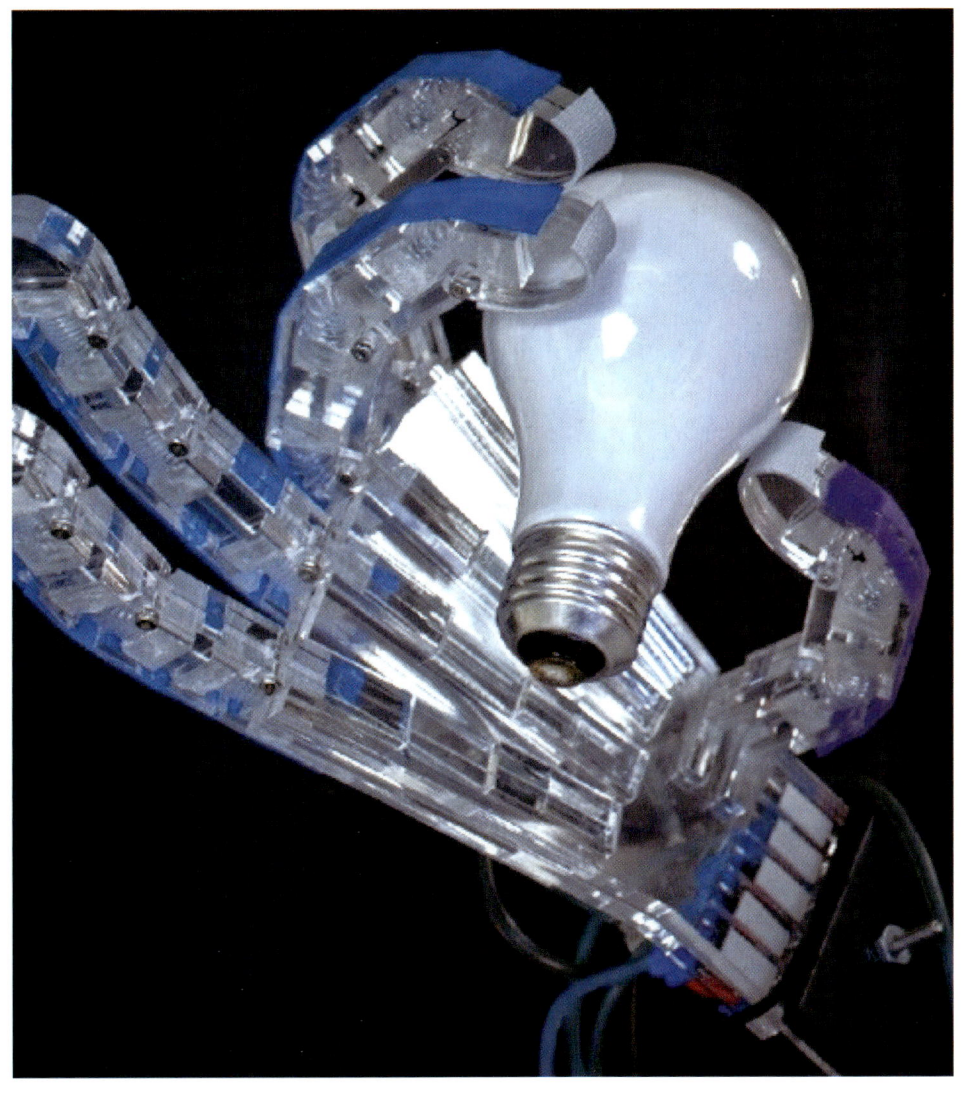

4

라파엘
RAPHaEL : Robotic Air Powered Hand with Elastic Ligaments

로멜라 연구소의 학부 학생들이 수업 시간에 개발한 저가의 의수, 로봇 손입니다. 힘이 세서 빈 캔을 찌그러뜨릴 수 있고, 정교한 손가락으로 컴퓨터 자판도 칠 수 있습니다. 날달걀이나 전구와 같이 부서지기 쉬운 물건도 다룰 수 있습니다. 낮은 가격으로 만들기 위해 전기 모터가 아닌 압축 공기를 이용하여 작동합니다. 공기의 압력을 조절하여 손가락들의 힘도 조절이 간편합니다.

5 마지
MAGI : Magic, Art and Gaming Initiative

넷플릭스의 인기 프로그램 「매직 포 휴먼스」에 출연한, 마술사의 꿈을 갖게 된 전직 셰프 로봇입니다. 로봇 공학자, 요리사, 마술사가 꿈인 데니스 홍 교수의 세 가지 꿈을 현실로 만들어 주는 로봇이지요. 데니스 홍 교수는 「마스터 셰프 USA」에 출연할 때 보조 요리사로 사용할 카알(CARL : Culinary Assistant Robotic Limb)이라는 이름의 로봇을 개발했습니다. 방송을 통해 신체가 부자유스러운 사람들을 위한 로봇을 개발하고자 하는 데니스 홍 교수의 비전을 보여 주기 위해서 만든 로봇입니다. 마지는 카알을 한층 발전시켜 마술에 도전하기 위해 만든 로봇입니다.

6

발루
BALLU : Buoyancy Assisted Lightweight Legged Unit

"어떻게 하면 넘어지지 않고 걸어가는 로봇을 만들 수 있을까?" 하는 고민에서 탄생한 기상천외한 로봇입니다. 헬륨으로 채워진 풍선으로 이루어진 몸통에 가벼운 두 다리로 걷는 로봇으로, 부력을 이용해 안정성과 안전성을 확보해 사실상 넘어지는 것이 불가능합니다. 걷고, 방향을 바꾸고, 뛰는 것뿐 아니라, 물 위를 걷고, 외줄타기도 하는 등 다양한 방식으로 움직일 수 있습니다. 세계에서 가장 안전한 로봇이라고 할 수 있습니다. 하지만 바람이 부는 실외에서는 작동이 잘 안 되며 무거운 물건들을 집거나 들고 움직일 수 없다는 단점이 있습니다.

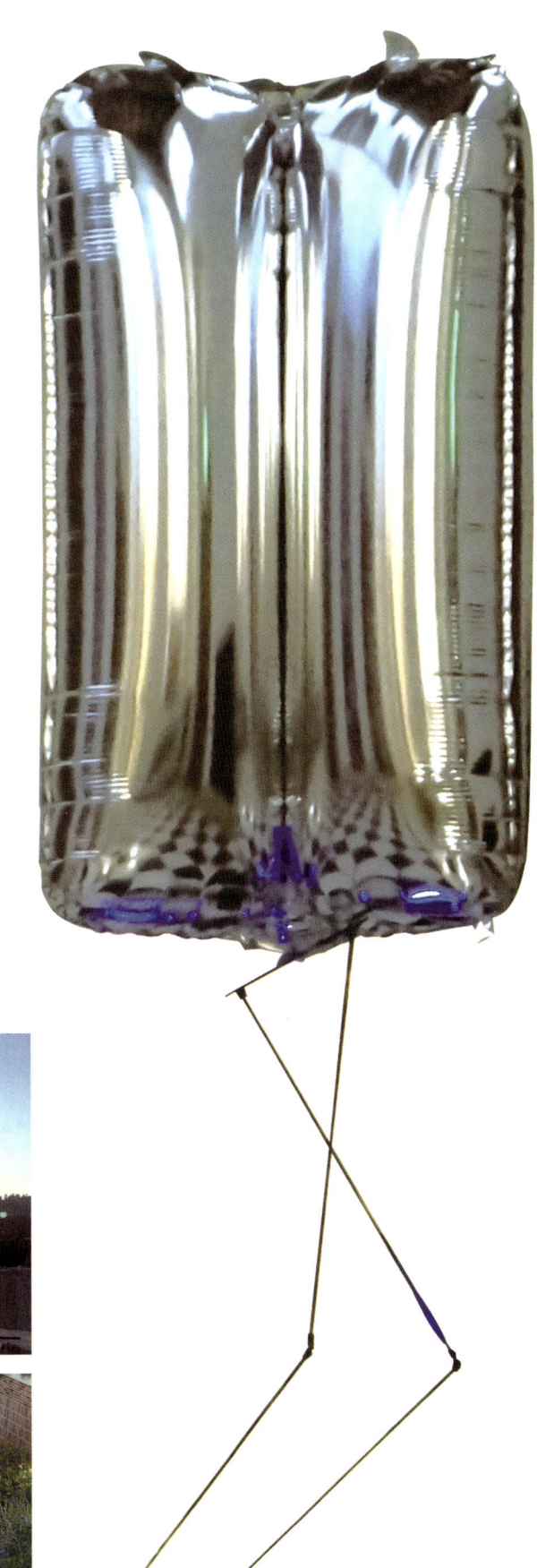

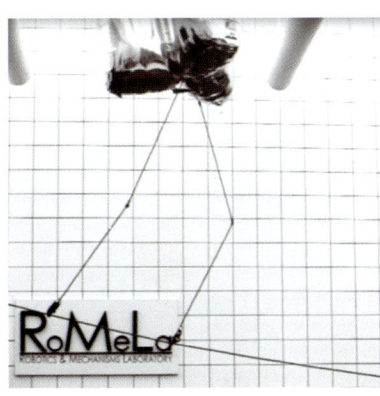

7

사파이어
SAFFiR : Shipboard Autonomous Firefighting Robot

미 해군연구소의 지원을 받아 개발한 로봇으로 함정에 화재가 났을 때 진압할 수 있는 함정 화재 진압 로봇입니다. 함정은 인간을 위해 설계된 환경이기 때문에 휴머노이드 로봇이 아니면 마음대로 돌아다니기 힘듭니다. 예를 들면, 계단은 사람이 걸어 올라가기에 적합하게 되어 있고, 문손잡이도 사람이 열고 닫기에 적합한 높이로 되어 있기 때문입니다. 또한 소화기나 화재 진압용 도구들처럼 인간이 사용하는 도구들을 사용하려면 로봇은 인간의 형태와 유사해야 합니다. 함정은 바다에서 파도에 따라 흔들리는데, 인간처럼 두 다리가 있는 로봇이면 중심을 잡고 걸어 다닐 수 있습니다. 방화복을 입으면 뜨거운 화염으로부터 몸체를 보호할 수도 있습니다. 이러한 이유 때문에 사파이어는 휴머노이드 형태로 개발된 것입니다.
한 가지 재미있는 사실은, 로보컵을 통해 축구를 하는 로봇을 만들면서 개발한 기술들이 사파이어에 적용되어 사람의 생명을 구하는 일에 사용되었다는 점입니다.

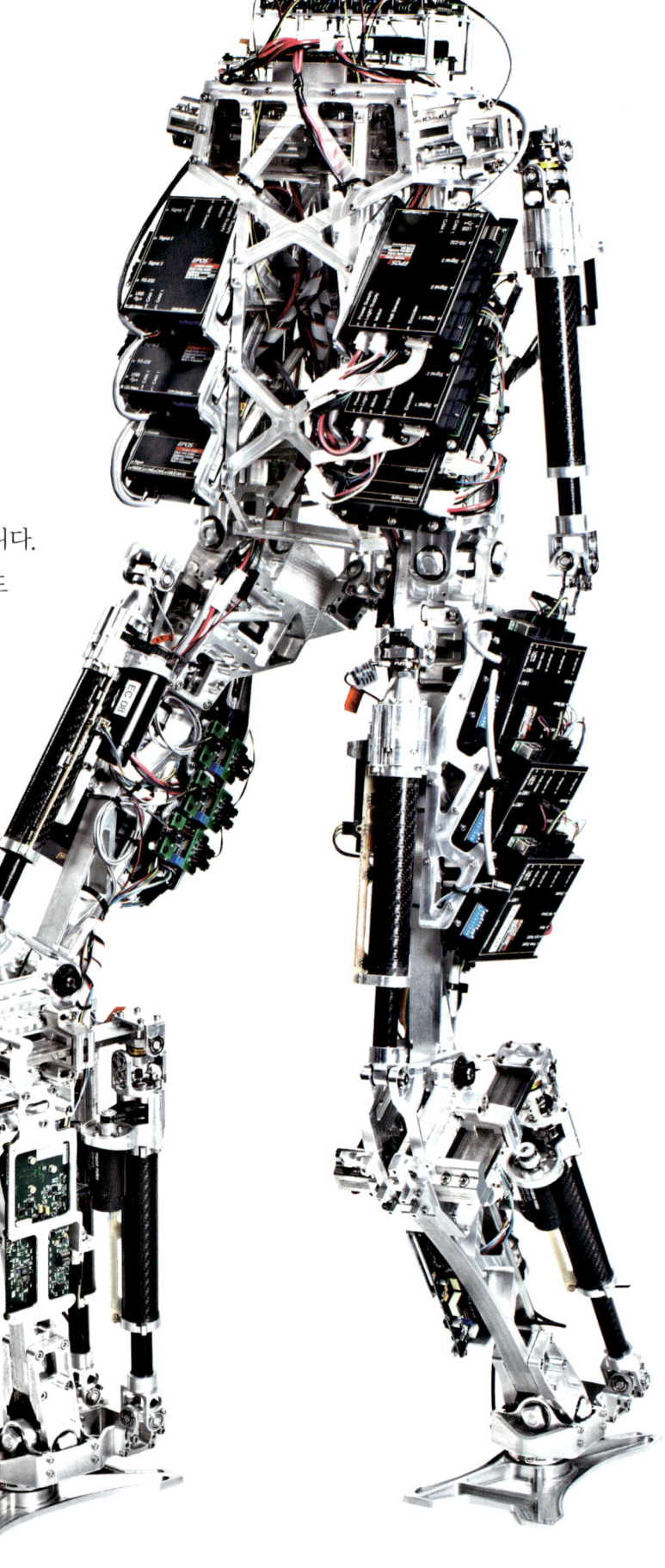

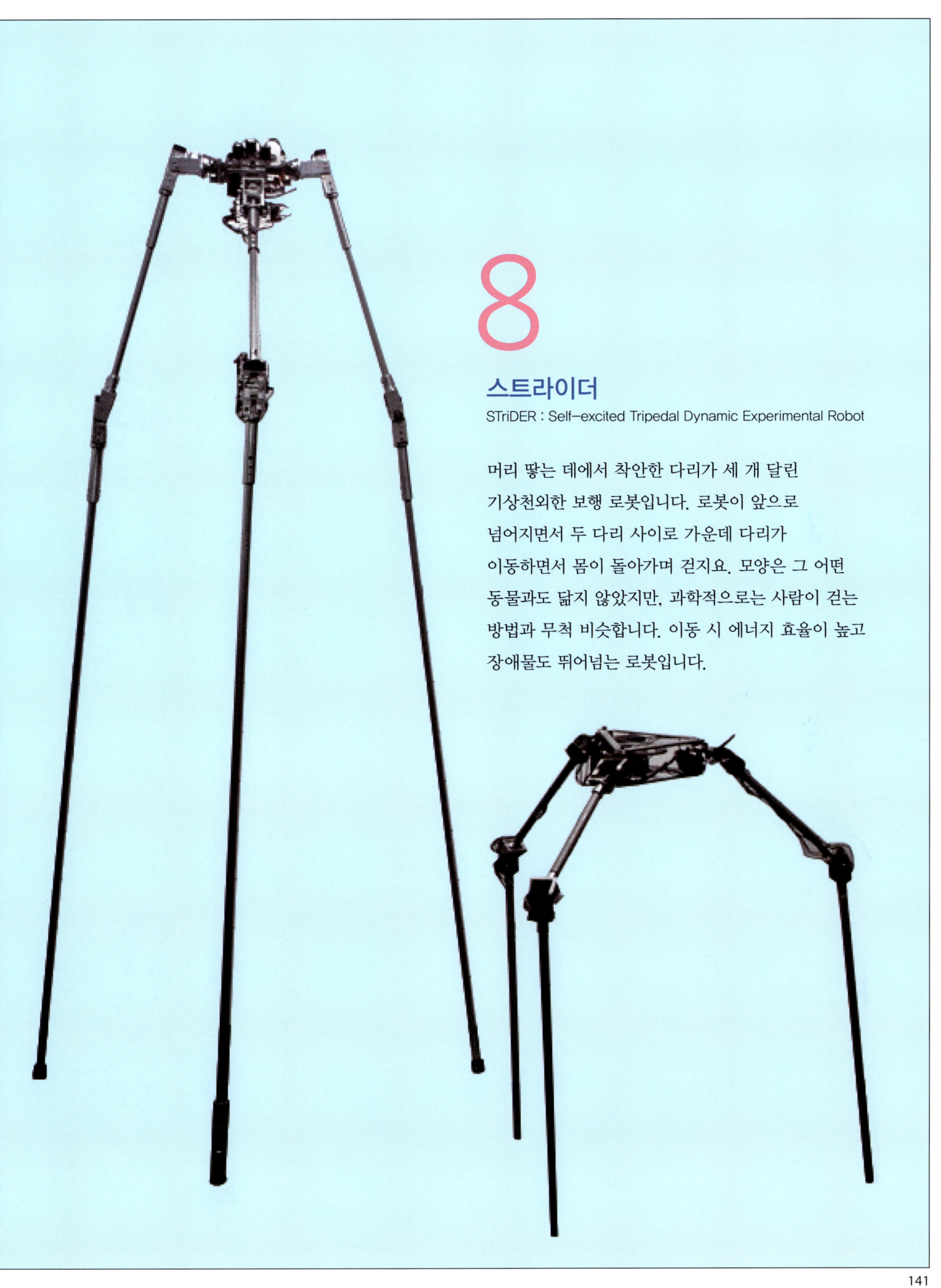

8

스트라이더
STriDER : Self-excited Tripedal Dynamic Experimental Robot

머리 닿는 데에서 착안한 다리가 세 개 달린 기상천외한 보행 로봇입니다. 로봇이 앞으로 넘어지면서 두 다리 사이로 가운데 다리가 이동하면서 몸이 돌아가며 걷지요. 모양은 그 어떤 동물과도 닮지 않았지만, 과학적으로는 사람이 걷는 방법과 무척 비슷합니다. 이동 시 에너지 효율이 높고 장애물도 뛰어넘는 로봇입니다.

9

알프레드

ALPHRED : Autonomous Legged Personal Helper Robot with Enhanced Dynamics

여러 가지 방법으로 걷는 것이 가능한 새로운 구조의 이동 로봇입니다. 네 개의 다리가 대칭적 구조를 이루고 있으며, 각각의 다리는 주변의 상황에 따라 팔로도 사용이 가능합니다. 네 개의 다리를 모두 걷는 데 사용하면서 4족 보행을 할 수도 있고, 두 개의 다리로 2족 보행을 하는 동시에 나머지 두 팔로 사물을 집을 수도 있습니다. 네 개의 다리 위치를 바꾸어 말처럼 빨리 달릴 수도 있습니다. 이렇게 주변과 다양한 상호 작용이 가능하기에 그 쓰임새가 무궁무진한 로봇입니다.

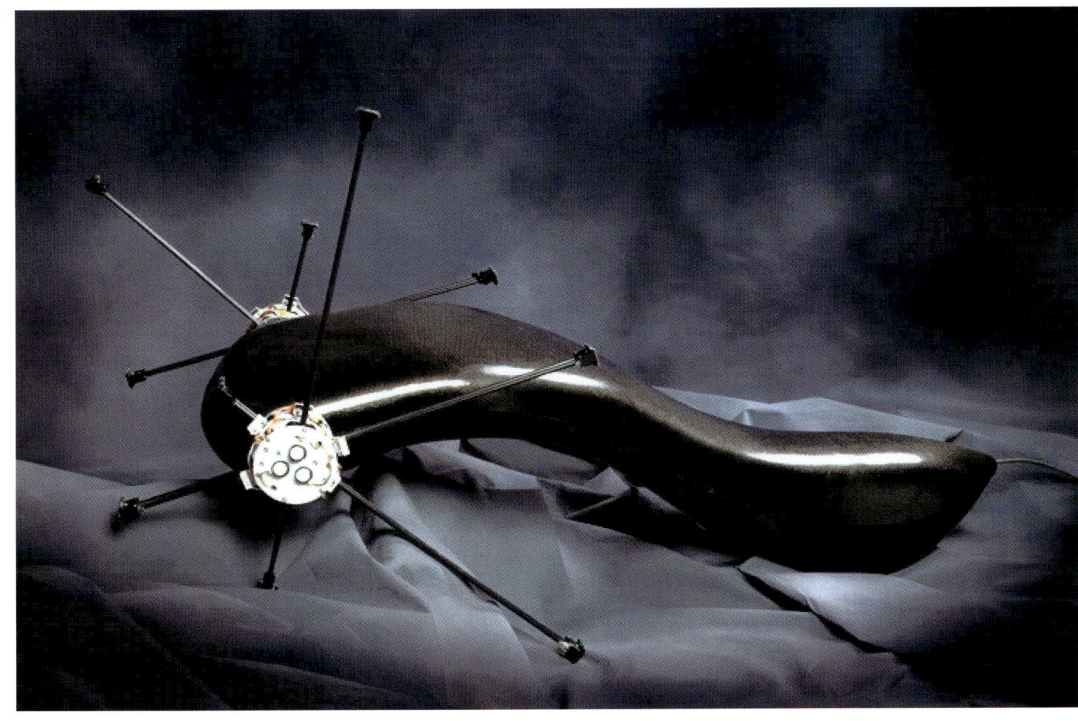

10 임패스
IMPASS : Intelligent Mobility Platform with Active Spoke System

일반적으로 바퀴는 구조가 간단하고 효율적이며 가격이 낮아서 다양한 기계들에 잘 쓰입니다. 또 다리는 험난한 지역에서 이동하기에 적합합니다. 임패스는 이렇게 바퀴와 다리의 장점을 합친, 과학 탐사 혹은 구조용 로봇으로 적합한 새로운 방식의 이동 로봇입니다. 바퀴처럼 돌아가는 허브에, 들어갔다 나왔다 하는 스포크(막대기)들을 달아서 험난한 지역에서도 쉽게 이동하며, 자기 몸의 3배 이상이나 되는 높은 장애물도 거침없이 올라갈 수 있습니다. 현재 존재하는 로봇들 중 가장 이동성이 높은 로봇입니다.

11

찰리
CHARLI : Cognitive Humanoid Autonomous Robot with Learning Intelligence

미국 최초의 휴머노이드 로봇으로 인정받는 인간형 로봇입니다. 적은 비용으로 만들기 위해 발목에 값비싼 센서를 사용하지 않고 걸을 수 있는 기술을 개발했습니다. 또 안전하게 만들기 위해 아주 가볍게 만드는 데 중점을 두었습니다.

무엇보다도 카메라로 세상을 보고, 인식하고, 자율적으로 작동되는 인공 지능 기술이 뛰어납니다.

찰리는 2011년 세계 로봇 축구 대회인 '로보컵'에서 우승하여 세계 챔피언이 되었습니다.

또한 휴머노이드 로봇 분야에서 가장 권위 있는 상이며 로봇 개발을 하는 사람이면 누구나 탐내는 영광의 트로피인 '루이비통 휴머노이드컵'을 수상하였습니다.

미국의 권위 있는 과학 잡지인 『파퓰러 사이언스』의 커버스토리로 표지를 장식했고, NBC「투데이쇼」, CNN「앤더슨 쿠퍼 360」을 비롯한 각종 TV 프로그램에 출연했습니다. 뿐만 아니라 탄산음료 브랜드인 펩시의 캔 용기에 찰리와 데니스 홍 박사의 모습이 프린트되어 출시되기도 했습니다. 심지어 찰리가 「강남 스타일」 음악에 맞춰 말춤을 추는 동영상은 단 나흘 만에 유튜브 조회 수가 무려 100만 번이나 되는 등 엄청난 인기를 누리고 있습니다.

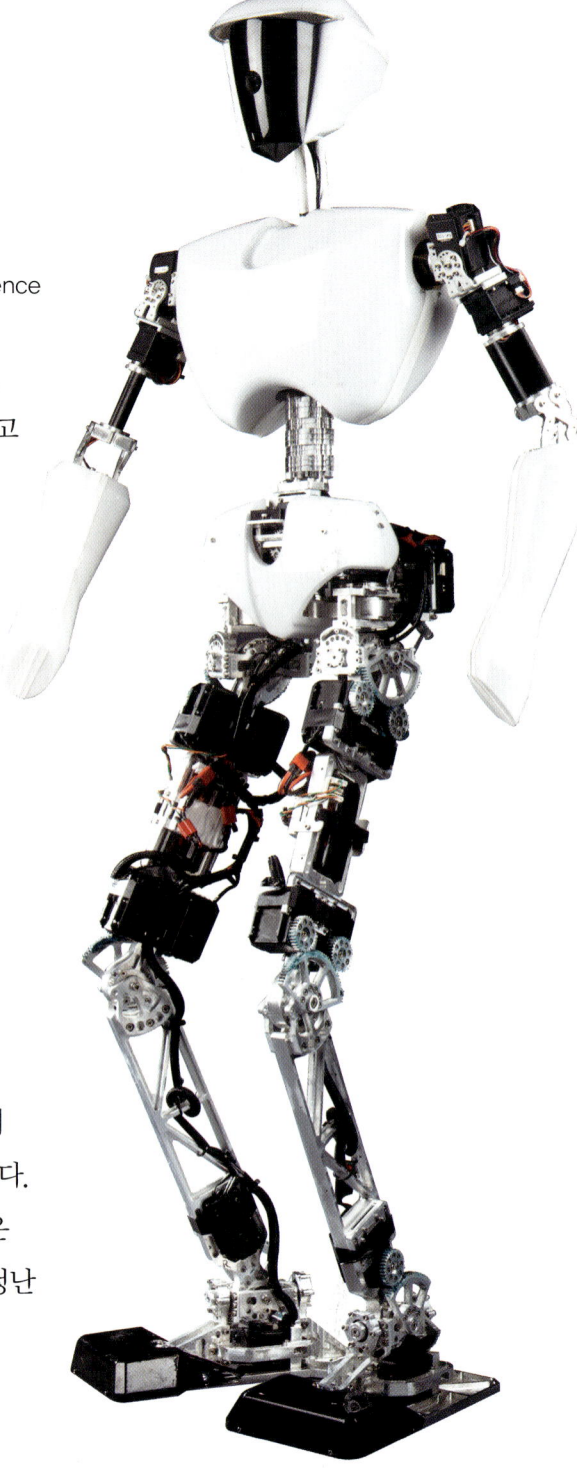

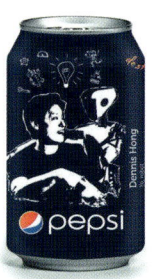

→ 찰리와 같은 로봇입니다. 처음 버전에서는 손까지만 있고 손가락이 없었습니다. 이후 팔씨름 버전으로 손가락까지 다 만들었습니다.

← 탄산음료 브랜드인 펩시의 캔 용기에 찰리와 데니스 홍 박사의 모습이 프린트되어 출시되었습니다.

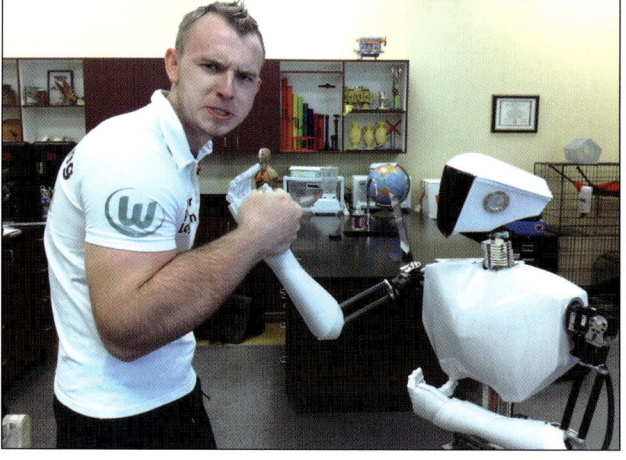

12

토르
THOR : Tactical Hazardous Operations Robot

인류를 구하고 지구를 구할. 거대한 포부를 가지고 태어난
재난 구조 휴머노이드 로봇입니다. 원자력 발전소에서
사고가 나면, 방사능 때문에 사람이 구조하러 들어갈 수가
없습니다. 재난 구조 로봇 토르는, 위험한 상황에서 사람을 구조하고
재난 상황에 대처하는 로봇입니다. 로멜라 연구소에서 개발한 인공 근육 기술을 사용하여 험난한
지역에서도 넘어지지 않고 걸을 수 있으며 여러 가지 센서들을 장착해 주어진 환경에서 스스로 자율적으로
작업을 실행하도록 설계되었습니다. 다르파 재난 구조 로봇 대회를 위해 개발했으나 안타까운 이유로
출전하지 못했습니다. 현재 로멜라 연구소에 있지 않습니다.

13

하이드라스
HyDRAS : Hyper-redundant Discrete Robotic Articulated Serpentine

공사 현장에서 인부들이 추락 사고로 다치는 것을 막기 위해서 개발한 로봇입니다. 공사장의 비계(높은 곳에서 공사를 할 수 있도록 임시로 설치한 가설물)를 사람 대신 타고 올라가 공사를 돕는 로봇으로, 모양이 마치 뱀처럼 생겼습니다. 하지만 진짜 뱀처럼 움직이지는 않습니다. 로봇의 몸이 기둥을 둘둘 감고, 각 조인트(구동되는 연결부)의 왕복 운동을 뱀이 몸을 틀어 감고 뒤틀려 올라가는 형태로 구현합니다. 이 로봇은 높은 건물의 공사뿐 아니라 다리 안전을 검사할 때 기둥을 타고 물속으로 내려갈 수도 있습니다.

14

헥스
HEX : Hexapod Enhancement Xperiment

지뢰 제거 로봇으로, 전후 지역에 유실된 지뢰들을 찾아 제거하는 용도로도 사용할 수 있습니다. 거미처럼 생겼지만 다리가 여덟 개가 아니고, 곤충처럼 여섯 개가 달렸습니다. 몸체가 전 방향 대칭으로 되어 있어 앞, 뒤, 옆 모든 방향으로 쉽게 이동이 가능합니다. 험난한 지역에서도 문제없이 걸어 다닐 수 있습니다. 높이 1.1미터, 길이 2.2미터로 크기도 상당히 커서 보는 사람들로 하여금 탄성을 자아내지요. 몸통에 정교한 로봇 팔을 부착하고 로봇이 자율적으로 지뢰를 탐지하도록 개발되었습니다.

찾아보기

ㄱ

가드봇	132
감시 로봇	100
감정	24
감지 장치	18
강아지	55
객실 배달 로봇	95
건강	34
건설 현장	90
경기	36
골프	80
공부	58
공장	78
공항 청소 로봇	45
과일 수확 로봇	82
교육용 로봇	58
구동 장치	18
군사 드론	119
군용 차량 로봇	118
굴진 로봇	124

ㄴ

나노 로봇	38
나르카	61
나비	134
남극	120
노래	64
노마드	121
노인	66
뉴로 R2	96

ㄷ

다빈치 수술 로봇	85
다솜이	66
다윈-OP	135
닥틸	35
단테2	112
달러	126
대화	52
데니스 홍	133
데리로	97
댄스봇	65
도라	40
두산 M1013	130
드론	126
드론 DS30W	126
디바봇	64
디팔레타이저	128
딜리타워	97
딜리드라이브	97
띵구	15

ㄹ

라라	136
라 룬	14
라일리	100
라파엘	137
레이저	125
로멜라	134
로버즈	89
로보보크	112
로보원 대회	37
로보짐	68
로보컵	135
로보프린트 p-bot	91
로보플라이	114
로보혼	73
로봇	12
로봇 대회	36
로봇 댄스	37
로봇 음악 밴드 Z-머신즈	103
로봇 카페 비트	86
로봇 청소기	44
로봇 청소기 제어 장치	19
로봇 팔	19
로봇 팔 구동 장치	19
로미오	100
록키	57
루카	58

ㅁ

리쿠	59
마르스	29
마스캣	55
마이로	31
마이봄	67
마지	138
마트	98
마티	98
머리 감겨 주는 로봇	73
메인보드	23
목시	52
몬스터 울프	88
몰봇	124
무인 로봇 호텔	94
물고기	30, 31
물류 창고	79
뮤지오	59
미내로	111
미네르바 II-1	108
미온	105

ㅂ

바란	119
바우봇	90
바이오닉 스위프트	127
바이오닉 옵터	126
바이올린 연주 로봇	103
바인봇	13
반려 로봇	54
반려동물	54, 56
박쥐 로봇	31
발루	139
방사능	116
방역 로봇	130
배관 로봇	117
배관 청소 로봇	117
배달 로봇	96, 100
백스터	79
버고	83
버디	53

벡스 아이큐 뇌 — 23	스팟 — 91	엔봇 — 94
벨록스 — 132	세스토 매그너스 — 62	엔젤레그스 — 71
벽돌 — 91	시어 — 25	엔젤 X — 26
병원 — 38, 70, 114	싸이클롭 — 111	엘룸 — 110
보안 로봇 — 100	씽고 — 65	엘리베이트 — 38
보행 보조 입는 로봇 — 27		엘마 — 69
볼케이노봇 — 112	**ㅇ**	엘봇 — 77
북극 — 120	아누 — 14	LG 클로이 살균봇 — 130
브레드봇 — 86	아르보 — 101	예티 — 121
브루이 — 120	RB — 79	오션원 — 14
블로우피시 — 118	R5 발키리 — 109	오토마타 — 20
	아르타스 로봇 — 85	옥토봇 — 114
ㅅ	아메카 — 25	와봇1 — 32
사과 수확 로봇 — 83	아바타 로봇 — 116	외골격 — 70
사람의 뇌 — 23	아시모 — 32	요봇 — 94
사물 인터넷 — 39	아이 펫 — 57	요요 — 53
사이배슬론 대회 — 36	아이보 — 55	용접 로봇 — 79, 91
사파이어 — 140	아이스 웜 — 120	우란 — 118
삼성 봇셰프 — 47	아이언 옥스 로봇 농장 — 50	우편물 배달 로봇 — 41
상자 하역 로봇 — 129	아이작 아시모프 — 28	워크온슈트 4 — 71
서빙 로봇 — 14	안내 로봇 — 76	원자력 — 116
세계 로봇 축구 대회 — 36	알버트 — 59	유캣(U-CAT) — 13
센토 — 32	알파고 — 34	유니메이트 — 21
센티피드 — 30	알프레드 — 142	유미 — 47, 103
소바 로봇 — 47	암스트롱 — 116	의료 폐기물 운송 로봇 — 62
소방 로봇 — 122	애니말 — 116	의족 로봇 — 26
소프트 로봇 — 124	애니악 — 20	e-데이비스 — 92
소피아 — 23	앰비덱스 — 35	이동식 로봇 랩핑기 — 98
소피아의 뇌 — 23	야드로이드 — 49	이동식 세면대 로봇 — 72
소형 로봇 — 108	양팔 로봇 — 35, 103	이에이엠 — 70
수영장 청소 로봇 — 31	어항 청소 로봇 — 44	인공 지능 — 12
수중 자유 기뢰 탐색체 — 119	얼음 — 120	인사이트 — 109
수중 청소 로봇 — 44	에리카 — 104	일렉트로와 스파코 — 21
슈바 — 70	에뮤 — 77	임패스 — 143
스카이봇 F-850 — 12	에바 — 25	입는 로봇 — 26
스크리빗 — 93	에버3 — 105	
스키 로봇 챌린지 — 37	에보 — 56	**ㅈ**
스탠 — 60	에어 포터 — 62	자율 비행 로봇 — 82
스트라이더 — 141	에어스타 — 77	자율 주행 — 60
스트레치 — 128	H-LEX — 27	자율 주행 버스 — 61
스파이더 — 31	엑시드로우 — 15	잔디 깎기 로봇 — 48
스파코 — 21	엔도큘러스 — 114	잠수 로봇 — 110

잡초 — 48	코로나19 방역 로봇 — 131	폭탄 제거 로봇 — 29
전원 장치 — 18	콜로서스 — 122	퐁봇 — 80
전투 로봇 — 28	쿠카 — 93	푸두봇 — 86
정서 돌봄 로봇 — 52	큐브 — 35	프라임 — 116
정원 관리 로봇 — 48	큐비스 조인트 — 85	프로그램 — 15
제나 — 94	큐아이 — 77	피모 — 71
제노 — 24	크랩스터 — 111	피치-R — 81
제로스 — 88	클로이 살균봇 — 130	피트바이저 — 68
제미니 — 92	키미 — 130	필로 — 68
제어 장치 — 18	키바 — 128	
조각상 — 93		**ㅎ**
조류 퇴치 로봇 — 88	**ㅌ**	하네스 — 27
조립 — 93	타이탄 FT35 — 51	하드리안 X — 91
조이포올 — 54	탤리 — 98	하이드라스 — 146
주차 로봇 — 60	터마이트 RS3 — 122	한 — 24
지델 — 41	터미네이터 — 28	해머주니어 — 114
지렁이 — 124	터틀 — 49	해양 탐사 로봇 — 110
GEMS — 27	테니봇 — 80	해저 탐사 로봇 — 111
지타 — 63	테니스 — 80	해충 — 48
지하자원 — 124	테오 트로니코 — 102	해파리 — 88
짐 보관 로봇 — 95	토랑이 — 86	해파리 제거 로봇 — 88
	토르 — 145	핵연료 점검 로봇 — 116
ㅊ	트랜지스터 — 20	핸들 — 128
찰리 — 44, 144	트림봇 — 48	헥사 — 51
창문 청소 로봇 — 44	티라봇 — 78	헥스 — 146
청소 전담 로봇 — 38		헨나 호텔 — 94
체르노빌 원전 — 116	**ㅍ**	헬로캐디 — 80
초정밀 접목 로봇 — 51	파 — 82	호스피 — 84
칩 — 54	파로 — 66	호야로봇 — 122
	파이어 옥스 — 122	화가 로봇 — 93
ㅋ	퍼시비어런스 — 109	화산 탐사 로봇 — 112
카페 — 86	페퍼 — 22, 76	화장실 변기용 청소 로봇 — 41
캐시 — 35	펫 시터 로봇 — 56	화재 진압 로봇 — 122
컬리 — 37	펫 피트니스 로봇 — 57	효돌 — 66
케이5 — 101	포도 수확 로봇 — 83	휴머노이드 — 105
코디 — 73	폭발물 제거 로봇 — 119	휴보 — 32

사진 제공

다솜이:(주)원더풀플랫폼/드론:두산모빌리티이노베이션/디팔레타이저:www.cjlogistics.com.jpg/딜리드라이브,딜리타워:우아한형제들/로보프린트 p-bot:로보프린트/로봇 카페:비트코퍼레이션 로봇 카페 비트(b:eat)/로봇 팔 구동 장치:shutterstock_1460706029 Yullishi Shutterstock.com.jpg/리얼 로봇 14:데니스 홍(로멜라 로봇 매커니즘 연구소)/볼케이노봇:www.nasa.gov/서빙 로봇(HYUNDAI S1):현대로보틱스/스크리빗:scribit.design/싸이클롭:포스텍 IT융합공학과 유선철 교수/아르보:세오 http://seoitv.com/아바타 로봇:UNIST 기계공학과 배준범 교수/RB:레인보우로보틱스 http://www.rainbow-robotics.com/앰비덱스:네이버랩스/에바:www.cs.columbia.edu~bchenaiface/엑시드로우:https://www.hansonrobotics.com/엔젤레그스·엔젤 X·워크온슈트 4:KAIST 공경철 교수/LG클로이 살균봇:www.lge.co.kr.jpg/이동식 랩핑기:이타코리아 http://www.itakorea.co.kr/제노:https://www.hansonrobotics.com/테오 트로니코:www.teotronico.it/티라봇:티라로보틱스/피모:파나소닉/하네스:Istituto Italiano di Tecnologia/찰리:charlie.yamaha.com/헬로 아카이브/www.shutterstock.com